Mit sich und der Welt in Reimen

Mit sich und der Welt in Reimen

Aus meinem lyrischen Tagebuch

Marianne Hartwig

Bibliografische Information Der Deutschen Bibliothek:
Die Deutsche Bibliothek verzeichnet diese Publikation in der
Deutschen Nationalbibliographie; detaillierte bibliografische
Daten sind im Internet über <http://dnb.ddb.de> abrufbar.

Copyright © 2018 Marianne Hartwig
Layout und Gestaltung: Chris von Gagern (www.art-transfer.net)
Umschlag: Gemälde *Durchsonntes Land* von Gerlinde Mader,
        150 x 130 cm, Acryl/ Leinwand
Herstellung und Verlag: Books on Demand GmbH, Norderstedt
ISBN: 978-3-7481-4120-4

„Jeder Augenblick ist ewig
wenn du ihn zu nehmen weißt
ist ein Vers, der unaufhörlich
Leben, Welt und Dasein preist"

Konstantin Wecker

Inhalt

Vorwort

Mit sich und der Welt in Reimen ist Marianne Hartwigs neunte Sammlung von Gedichten. Wieder im Zeitraum eines Jahres entstanden, ist die Sammlung thematisch in sechs Kapitel unterteilt.

Im ersten Kapitel ‚Zitieren und Fabulieren‘ lässt sie sich von ihren Lieblingsautoren inspirieren und integriert Zitate aus deren Werk.

Im zweiten Kapitel geht es um ‚Naturfreuden‘, die sie veranlassen, einen eingehenden Blick in ihren Garten zu werfen.

Das Thema des dritten ‚Von den Tieren‘ sind ihre vierbeinigen Begleiter, in erster Linie die Katzen, die ihr Haus bevölkern.

Im vierten Kapitel ‚Mit Farben und Pinsel‘ liefert der Besuch einer befreundeten Künstlerin das Motiv.

Das fünfte ‚Schutz und Flucht‘ rückt ihr Elternhaus im Hunsrück in den Blickpunkt, das für sie einen wesentlichen Ankerpunkt darstellt.

Im letzten ‚Träume, Zweifel, Widersprüche‘ kommt die Autorin auf sich selbst zu sprechen und reflektiert ihr selbst gewähltes Exil auf der Mittelmeerinsel.

Der Untertitel ‚Aus meinem lyrischen Tagebuch‘ macht deutlich, was für einen wesentlichen Bestandteil ihres Lebens das Reimen für sie darstellt.

Chris von Gagern, Ibiza, Nov. 2018

Zitieren und Fabulieren

Im Einklang

Zitat-Gedichte sind eine neue Leidenschaft
die statt Leiden Wort-Spiele schafft

und manchmal Gedichte
in Verbindung mit der eigenen Lebensgeschichte

inspiriert von A. Manguel „Eine Geschichte des Lesens"

Inspiration hilft immer
auch einem eigensinnigen Frauenzimmer

Man muss nicht Vorleser bei Borges gewesen sein
Der Mutter meiner Freundin Irmela vorzulesen war
eine Gelegenheit, mit ihr, mit mir und der Geschichte
des Lesens im Einklang zu sein.

Katzenliebhaber

Wie eine Katz ist so ein Zitat
Es kreuzt meinen Weg und nistet sich ein
Schon vor dem Zusammentreffen hat es Bezug zu
meinem Alltag
Wartet nur auf eine günstige Gelegenheit um da zu
sein
um nah zu sein
in schwierigen Zeiten
in dem alte Weisheiten und Schnurren Trost bereiten

Das Schicksal meinte es gut mit mir
Schenkte mir nicht nur mit der Geburt ein Katzentier
sondern auch eine Oma die gerne zitierte und
eigensinnig war
Dabei handelte es sich mehr um Sprichwörter und
weniger um Petrarca:
„Die Menschheit ist grob in 2 Gruppen einzuteilen
in Katzenliebhaber und die vom Schicksal
Benachteiligten".

Verpassen

Kein Morgengedicht
Bei Ablenkung auch keins in Sicht

Sie wurden mir nach deinem Tod geschenkt
Gedichte als Ersatz
Ein unsichtbarer Schatz
uneingeschränkt

im Einklang
mit geglückten Vergangenheitszeiten
All die Glücksmomente im Zusammenhang
die neben Kummer und Sorgen uns begleiten
ein Leben lang

Zu den jetzigen Gedichten gelangen
all die, die Lebensbejahung und Hoffnung verbreiten
Angst vertreiben
Bunte Glücks-Gedanken einfangen

Mit Lamentationen und Klagen ließen sich Bände füllen
Nur wenige wagen
meist nur im Stillen
zu sagen:

So wie es ist liebe ich mein Leben

in Dankbarkeit
bereit
Glücksstreben weiterzugeben:

„Wir bekommen das Leben leer geschenkt
Für die Sache mit dem Glück müssen wir uns schon
selber etwas einfallen lassen!"*

Einfälle helfen immer, Glück nicht zu verpassen.

---

* Richard Ford

Um-Gang

Aufzuhalten sind sie nicht – die sorgenvollen Gedanken
Ich verbiete euch, mir die Lust zu nehmen – zu lachen
Verbote helfen kaum wenn Stimmungslagen
schwanken
Mit einem Gefühlszustand will ich mich befassen
Im Hinblick auf die Erkenntnis:
„Man muss sich nicht alles von sich gefallen lassen"
Ein perfektes Ich-Verständnis
Danke Victor Frankl, ich sehe dem Tag gelassen
entgegen
und meide den Um-Gang auf sorgenvollen Wegen.

Schau dir an was du tust

Nicht immer wissen wir genau was wir wollen
das heißt wir wissen es vielleicht
aber wir fragen uns: sollen
wir es wagen – es wird nicht leicht

Dann suchen wir Bestätigung bei denen die mutiger sind
Lassen uns von ihrem Lebenslauf verführen
Stellen fest, so waren wir schon als Kind:
Eigenwillig mit der Lust zu improvisieren

und von der Erkenntnis Anderer zu profitieren
„...schau dir an was du tust und du weißt was du
willst...“ *

---

* Ulla Hahn

Helfer

„Gestern wäre ich mir lieber aus dem Weg gegangen"
meinte Herta Müller
Treffender sind einige Selbst-Begegnungen nicht auszudrücken
Heute kann ich mich wieder leiden
Keine Abhängigkeiten
und in vielen Augenblicken
schließe ich Freundschaft mit mir, meiner
Stimmungsschwankung
Dann ist sie kein Seitensprung
Eher ein Lebensbegleiter
bekannt aus Zeiten des Umbruchs am Ende der Kindheit
Schon damals halfen Gedichte auf der Stimmungsleiter
den Halt nicht zu verlieren
Sie sind meine Helfer geblieben, zu ihnen flüchte ich mich
     – wie zu den Tieren.

Ein sicherer Ort

An einem sicheren Ort lebe ich
mitten im Pinienwald
Meine Tiere lassen mich niemals im Stich
Ich fürchte Niemanden und Nichts – außer Gewalt

So leben zu dürfen ist Schicksals-Gunst
Sollte ich sie nicht erwähnen – mit keinem Wort?
Doch dann bleibt sie geheim, die Lebens-Kunst:
„Das Abseits ist der einzige sichere Ort". *

---

* Peter Brückner

Die reine Freude

Sich selbst ein Glückserlebnis zu bereiten
setzt neben Egoismus das Bedürfnis voraus
lange Zeit mit sich selbst alleine zu bleiben
Eigenwillige kennen sich damit aus

Zur Selbstbeglückung gehört Phantasie
die zahllosen Selbstdarstellungen beweisen es
So eine Biographie
ist wie ein Märchen – das Ende lässt alles offen
auf viele nichterzählte Geschichten hoffen
denn „wenn sie nicht gestorben sind..." erzählen sie noch
heute

Schreiben ist nicht nur „ein Glückserlebnis mit Papier
und Stift"
wie Martin Walser sagt – es ist, wie im Augenblick, die
reine Freude.

Grandios

„Freunde erfordern Einsatz!" las ich gerade
So habe ich das niemals empfunden
Meine Freunde sind ein Geschenk, Glück, Gnade
In all den Stunden des Zusammenseins ist es ein
    Geschenk – das Miteinander

Vielleicht ist das Geheimnis einer Freundschaft die
    Freude aneinander
Sie mit Einsatz zu verbinden ist eher kurios
Freundschaft bedeutet Vertrauen – bedingungslos –
    dann ist sie grandios.

Wann gibt es ihn

unseren Charakter?
Er wurde uns nicht in die Wiege gelegt
Doch irgendwann hat er
uns zu dem Menschen gemacht, der wir sind
oder umgekehrt
„Der Charakter des Menschen ist sein Schicksal"
sagst Heraklit
Sind wir allein verantwortlich oder gibt es eine
Höhere Macht, die uns Charakterstärke lehrt?

Mit sich im Reinen

Ein ehemals kluger und erfolgreicher Mann ist dement
Wenn meine Freundin Gerlinde ihn besucht, ein gutes Essen
          kocht, mit ihm singt
und tanzt – an alte Liedertexte erinnert er sich –
Beim Tanzen ist er fröhlich
wird fast wieder eloquent
ringt
nicht mehr nach Worten und scheint
mit sich und der Welt im Reinen zu sein
wenn er meint:
„So viel wie ich vergessen habe, kann ich mir gar nicht
          merken".

Lernen

Ein Tag des Augenblicks ist heute
Manche Tage sind Glückstage
Schon die Augen aufzuschlagen macht Freude
Heute existiert es nicht – das Wort Klage

Ein Traum hat diese Tages-Einstellung ausgelöst
Ein Wunschtraum, ob er in Erfüllung geht, steht in den Sternen
Doch eines steht fest:
In Träumen 1ässt sich Freuen lernen.

„Jeder Augenblick ist ewig
wenn du ihn zu nehmen weißt"
Ist ein Vers der unaufhörlich
Leben, Welt und Dasein preist.[*]

––––––––––––––

[*] Konstantin Wecker

Unterbewusstsein

Eine Perlenschnur aus Reimen
wie ein Rosenkranz
wie Lichtkugeln die sich ganz
selbstverständlich zusammenfinden
und ähnlich wie im Traum
Dahinfließendes miteinander verbinden
Einfluß habe ich kaum

Wie bei G.'s Bildern lassen die Farben Landschaften entstehen
die nur im Auge des Betrachters sichtbar sind
sich wandeln, die Lust wecken, immer wieder
hinzusehen
Jedes Kind
liebt dieses Wiederholungsspiel
ohne Ziel
erst im Laufe der Zeit leuchtet uns ein:
„Die Quelle der Kunst ist das Unterbewusstsein".[*]

---

[*] Jackson Pollock

Erkenntnis

Von lautem Schnurren geweckt zu werden
Was für ein Tagesanfang!
Keine Morgen-Melancholie, keine Beschwerden
So fangen Glückstage an

Neben Kater Rojo sorgt P.H. für „Leben lernen", denn
    niemals ist es zu spät
für seine Erkenntnis: „Jede Imagination ist eine unsichtbare
    Realität".*

---

* Peter Härtling

Freundinnen

Es waren einmal zwei Freundinnen
die wollten auf einer Insel in einem großen Haus
zusammenleben
im Laufe der Zeit
war es dann soweit
und sie beschlossen einzusehen: auch in einer kleinen
Gompa im Hunsrück können Bilder- und Gedichts-
Ideen entstehen.

Gut-Sein

Menschen die meinen zu gut für diese Welt zu sein
fühlen sich oft allein

Sich mit den Nicht-so-Guten abzugeben
würde das Allein-Sein zwar beheben

Aber sich und ihr Zu-gut-Sein infrage stellen
was in den meisten Fällen

mit schmerzlichen Eingeständnissen verbunden ist –
wenn auch weniger allein

Denn schon Tolstoi meint „gut sein bedeutet nur den
Wunsch zu haben, häufiger gut zu sein."

Ein schönes Leben

„Das schrecklich schöne Leben"* ist wieder einmal
an einem Morgen wie heute fühlbar
Auslöser ist ein kleines Ritual:
eine Blumenbegehung – in Gedanken Hand in Hand mit dir
überall
grünt und sprießt es
das Glück hier leben zu können
erscheint wieder einmal wie ein Fest
Ein schrecklich schönes Leben will auch ich es nennen.

---

* Konstantin Wecker

Lebensphänomen

Wer meint nicht kämpfen zu müssen ist ein Illusionist
Täglich gilt es: gewinnst oder verlierst du
Heute gewinne ich nicht
Die Tür zur Zuversicht ist zu

Nur heute
Morgen ist ein anderer Tag
Natur und die Tiere – die reinste Freude
Was immer kommen mag

Jeder findet seinen Weg, die Hoffnung nicht zu verlieren
Pessoa meint: „Literatur ist die angenehmste Art, das
    Leben zu ignorieren"

Ich bin sein Fan
Jeder findet seinen Lichtblick im Lebensphänomen.

Traumbegleiter

Merkwürdige Begebenheiten kennt ein jeder
Manchmal scheinen übermenschliche Mächte im Spiel
    zu sein
Entweder
wir erklären sie im Agnostiker-Verein
oder wir tauchen ein
in die unsichtbare Schattenwelt
von der uns E.T.A. Hoffmann in seinen
Geisterbeschwörungen erzählt

Er ist einer
meiner
Traumbegleiter in der Geisterwelt
„Wer wagt durch das Reich der Träume zu schreiten,
    gelangt zur Wahrheit"

Wagemut kennt auch Verzagtheit
Gegensätze sind das Bindeglied, das unsere unterschied-
    lichen Welten zusammenhält.

Glücksfälle

Wenn mir jemand zu denken gibt, bin ich dankbar
Früher machte es mich ärgerlich
denn schließlich
sah
ich Gleichgesinnte in den Menschen, die uns umgaben
mit denen wir zusammenlebten – eine lange Zeit
als es unzeitgemäß war – das Leben zu Zweit
ich glaubte Menschenkenntnis zu haben
bis die wunderbare
lebenserfahrene
Freundin Maria mich davon überzeugte
was sie bereits erkannt hatte und sichtlich freute:
„Menschenkenntnis ist Glückssache"

Seitdem genieße ich Glücksfälle
und bin bei Zufällen gleich zur Stelle
Das 68er Image gefällt mir noch immer
Sie sind wieder im Kommen, diese aus der Mode
    geratenen Frauenzimmer
Latzhosen tragen sie nicht mehr
Ohne Latz sind Frau und Hose auch attraktiver.

Gemalte Fensterscheiben

Im Alltäglichen Zuflucht zu suchen
ist ein Gewinn
bei einem so vertrauten Tagesbeginn
lässt sich nur versuchen
mit sich selbst und der Welt im Reinen zu bleiben
„Gedichte sind gemalte Fensterscheiben"*

---

*   Fernando Pessoa

Unvereinbar

Manchmal wenn ich mir das Recht nehme zu tun was
mir gefällt
Kommt mir ein Gedanke von Ralph Waldo Emerson in
den Sinn:
„Tu stets das was du fürchtest"
So sind sie, die Widersprüche unter dem weiten
Himmelszelt:
Unvereinbar aber unverzichtbar, wenn du stets vor dich
hin dichtest.

Wenn das Herz denken könnte

Ein Tagebuch
ist ein Widerspruch

Man schreibt es ganz für sich allein
Und möchte doch verstanden sein

Von einem Leser, den es nicht gibt
von einem Menschen, den man liebt

Unzumutbar sind all die widersprüchlichen Gedanken
Von Gefühlen ganz zu schweigen – sie wanken und
    schwanken

dann am heftigsten, wenn man liebt und es nicht will
„wenn das Herz denken könnte, stände es still."*

---

* Fernando Pessoa

In Worte fassen

Mitten in der Natur zu leben
heißt sich bewegen

Nach einem nächtlichen Frühjahrssturm
fiel ein Telefonleitungsmast um

Ein Landleben ohne Helfer und gute Nachbarn ist nicht
     erstrebenswert
in freier Natur eingesperrt

„... sich bewegen heißt leben, sich in Worte fassen heißt
überleben.." meint Fernando Pessoa
Vielleicht leben Schwermütige doch besser in der Stadt?

Seelenverwandt

Sich von Büchern beeinflussen zu lassen macht das
    Leben nicht fröhlicher
aber erträglicher
vor allem dann, wenn zwischen
Melancholie und Lebensgier dieser Freiraum lockt
Man muss nur die richtigen Seiten erwischen
und schon hockt
man mit dem „Buch der Unruhe" in der Hand
am Meer und fühlt sich mit Fernando Pessoa seelenverwandt
fasziniert von dem Widerspruch: „Wenn eintrat was ich
erwartete kam es stets unerwartet für mich"
Da hilft dann nur ein Reim-Gedicht.

Widerspruchs-Geister

Klagende und Lebensverächter faszinieren mich
Fernando Pessoa ist ein Klagemeister
Eine seiner positivsten Aussagen ist:
„Schreiben heißt vergessen... Die Literatur ist die
angenehmste Art das Leben zu ignorieren"

Wenn sich wieder einmal Melancholie-Gespenster
unaufhaltsam zu nähern versuchen
greife ich zum „Buch der Unruhe"
Und schon erwachen die Widerspruchs-Geister.

Luxus

In einem internationalen Dorf zu leben
auf einer Insel, die einmalig ist auf der Welt
ist, wie eine Freundin meint, ein Luxusleben
Ja, wenn nicht nur Meer, Klima und der spanische
    Lebenssinn gefällt

Der Luxus eines Holzhauses im Wald voller Katzen
    und Bücher
ist so fragil wie seine Bewohnerin
die sich mit Mascha Kaleko den Luxus gönnt, sich zu
    freuen, das Leben liebt
obgleich es soviel Elend auf der Welt gibt
„Ich freue mich
...wenn Heckenrosen und Holunder blühen
dass Amseln flöten und dass Immen summen
dass Mücken stechen und dass Brummer brummen
dass alles so erstaunlich bleibt und neu
ich freue mich, dass ich mich freu".

Zweifeln

„Intelligente Menschen hegen ständig Zweifel an sich"
meint ein Autor: Klaus Modick, der mir gefällt
und weiter: „Nur Idioten sind von sich selbst überzeugt"
Als Zweiflerin in dieser Welt
scheine ich zwar keine Idiotin zu sein
ob mich das aber freut
bleibt zweifelhaft
und zweifellos kein
bisschen hilfreich bei der Glückssuche, die auch
    Zweiflerinnen im Zweifelsfall froh macht.

Allüren

Die „Einsichten eines glücklichen Pessimisten" passen
    zu meinem alten Haus und seinen Allüren
Demnächst hat es wieder eine Schönheits-Operation
    überstanden
Mit weit offenen Fenstern und Türen
trocknen nasse Wände und Decken und mehr-hundert-
    jährige alte Lehmreste landen
im heutigen Gärtchen, dem früheren Misthaufen vor der
    Stalltür
Da sitze ich mit der weißen Katz, die wie ich mein altes
    Haus liebt
Wir blinzeln uns zu – glücklich sind wir hier
Und davon überzeugt, dass es – außer der Insel – keinen
    schönerem Platz auf der Welt gibt für eine glückliche
    Pessimistin
mit Schopenhauer-Zitaten im Sinn:
„Sich zu mühen und mit Widerstand zu kämpfen, ist dem
Menschen Bedürfnis wie dem Maulwurf das Graben!".*

---

* Arthur Schopenhauer

Vergänglich

Es sind immer wieder Gedichte die trösten
Er fällt mir zu – der Gedichttrost – ein Tages-Zufall
Mascha Kalekos Trostgedichte sind die besten
Wieder einmal:
„…es ist wahr was sie sagen:
Was kommen muss, kommt
Geh dem Leid nicht entgegen
Und ist es da
sieh ihm still ins Gesicht
Es ist vergänglich wie Glück…"

Lebenskunst

Mit dem Tagebuch in Reimen den Tag zu beginnen
ist ein Vergnügen der besonderen Art
Das Schicksal verwöhnt mich nicht nur mit liebevollen
      Freundinnen
es hat mich auch vor dem Gefühl der Einsamkeit bewahrt

Allein zu leben, nicht einsam zu sein
ist mehr als Schicksalsgunst
Mit all den Katzen und Büchern in einem Holzhaus im
      Süden und dem Elternhaus im Hunsrück zu leben –
      DAHEIM
nenne ich manchmal unbescheiden!: Lebenskunst

Lamentationen und Zitate gehören dazu
Vor allem wenn mich weder einmal ein kluger Autor
beglückt:
„... gut geirrt ist halb erkannt! [*]
oder
„Philosophie ist wenn man trotzdem denkt".

---

[*] Odo Marquard

43

Statt Fabulieren

Ein Zitat das gefällt
ist wie ein gutes Gespräch mit jemandem den ich mag
es stellt
die Weichen für den Tag

Besonders die schon einmal zitierten Zitate haben es
    mir angetan
Sie fehlen in keinem Roman
Wenn Alberto Manguel Aristoteles zitiert
lese ich erfreut: „…alle Gewohnheiten vor allem die
    guten, die in der Jugend Wurzeln geschlagen haben,
    können später nicht mehr ausgerissen werden"

Schon Oma liebte Zitate in Form von Sprichworten
kriegsbedingt war sie alleinerziehend und emanzipiert
in unserer Familie wurde durch Schweigen rebelliert
Die meisten ihrer Zitate lernte ich auswendig und mochte
    sie gern

Hätte sie Aristoteles gekannt, würde die Enkelin heute
    philosophieren
statt fabulieren.

Scheherazade

Ohne dass etwas dazwischen kommt vergeht kein Tag
Die *casita* – ursprünglich geplant als Sommerresidenz –
ist ein Provisorium
um sie herum
Blütenpracht
Ein dicker Gecko macht
es sich in der Außenküche gemütlich
ist etwas wählerisch
Sein Zuhause ist hinter dem Gewürzbord
Seinen Käsenachtisch nehmen ihm manchmal die
    Eidechsen fort
Kurze knurrende Schreie, die sich wie „geck geck" anhören
begleiten seine Lust beim Käseverzehren

„Eine Geschichte ist das was sich ereignet, wenn etwas
dazwischenkommt"[*] lese ich gerade
Es sind die kleinen Geschichten, die den Tag
    überlebenswert machen wie bei Scheherazade.

---

[*] Odo Marquard

Lebens-Besonderheit

Wie gesagt
Ohne dass etwas dazwischen kommt vergeht kein Tag
in der *casita*
Was immer geschehen mag:

„Das Schicksal erkennt man an seiner Undurchschaubarkei"[*]
Eine Lebens-Besonderheit
ist es, in einem Waldhaus zu wohnen
Durchschaubar sind nur die Tageserlebnisse, die sich lohnen
im Gedächtnis zu bleiben
Die Lust, mir mit Schreiben die Zeit zu vertreiben
während meine Freundin malt
und sich dazwischen in der Sonne aalt.

---

[*] Radek Knapp

Meditation

Sich für sein eigenes Desaster selbst verantwortlich zu
    fühlen ist kein Vergnügen
Wie hilfreich war es doch
dem Partner all den Unmut mit sich selbst in die Schuhe
    zu schieben
Immer noch
packt mich diese Rechtfertigungswut
mit der ich mir beweisen möchte wie gut es tut
zu erklären: ich bin die, die ich bin
Oft zu laut mit zu viel Eigensinn

Dann gestehe ich mir leise ein
So möchte ich bleiben: ganz allein für mich verantwortlich
    sein
Mit einem Menschen, der mich liebt wie ich bin
eine eigenwillige Infragestellerin
die seit deinem Tod mit C.G.Jung meint – vielleicht
    früher schon?
„Ein kräftiges Leid erspart zehn Jahre Meditation".

Unentbehrlich

Wenn ich wieder einmal von einem Bild meiner Freundin
    kein Auge lassen kann
Wenn Farben und Formen mich zum Träumen einladen
Die Einmaligkeit der Landschaft in der es entstand
auf der Leinwand ihren Widerschein gefunden hat
Dann schaue ich gebannt
auf Bild und Landschaft und denke träumerisch:
„...Kunst muss nicht nützlich sein, sondern unentbehrlich..." *

---

* Ulla Hahn

Naturfreuden

Lebenstauglich

Die *morning glory*[*], hat die Spitze der Pinie erreicht
Aus großer Höhe leuchtet sie
Guten Morgen, meine Schöne, bisher war das Klettern
    kinderleicht
Jetzt bist du angekommen, über dir ist nur der Himmel
    – den erreicht du nie

Von deiner blauen Blütenpracht ist die *casita*[**]
umgeben
Du und ich, wir leben in unserer grünen Welt mit den Katzen
und streben
nicht nach Bäumen, die in den Himmel wachsen

In hundert Jahren hättest du aus der *casita* eine
undurchdringliche Höhle gemacht
In einen langen Schlaf zu fallen fällt uns nicht ein
Wachgeküsst wurden wir schon von dem Inselsonnenschein
Die Gegenwart ist immer wieder wie der Himmel über uns
ein erlebtes blaues Wunder – eine Übermacht
die lebenstauglich macht.

---

[*] Winde
[**] Häuschen

Naturwunder

Wie kostbare Perlen glitzern Tautropfen an den
Mandelblüten
Ein leuchtend weißer Blumenstrauß
Zauberin Natur will in den ersten Wochen des Neuen
Jahrs einen ihrer prachtvollsten Anblicke bieten
Tagein, tagaus

verschwendet sie ihren Reichtum, ihren Überfluss
Zieht nicht nur Augen in ihren Bann
Der Duft im Tal von Sta. Ines ist ein Hochgenuss
Der Jeden überwältigt, der noch staunen kann.

Ode an die *chirimoya**

Ihr Geschmack ist unvergleichlich
Am ehesten noch zwischen Birne und Erdbeere
Sanft und rahmig
So als wäre

dem Erfinder ein besonders guter Einfall gelungen packte
    er das Ganze
in ein zartes Tannenzapfen-Gehäuse
Schon der Anblick macht Freude
Die Stachelannone – was für eine Pflanze

Ursprünglich aus Mexico ist sie jetzt auch auf der Insel daheim
Für Mark Twain war sie die die köstlichste Frucht – wie Manna
Seitdem ich sie kennenlernte ist selbst ihr Anblick wie
    Sonnenschein
Die unvergleichliche *chirimoya*.

---

* Rahmapfel (südam. Frucht)

Pracht und Macht

Die romantische kleine *finca*[*] von Chris und Tina ist von
    vielen *algarrobos*[**] umgeben
Soweit das Auge reicht sind ihre knorrigen Gestalten zu sehen
Die Düfte ihrer Früchte wehen
bis zum nahen Meer
und von weit her
erzählen Bibelgeschichten von dem sagenumwobenen
    Manna
das vom Himmel fiel beziehungsweise von den *algarrobos*
ein Geschenk ihres Gottes
das sie ernährte auf ihrer Flucht durch Wüste und Gefahr

Heute wird nicht nur von den Kindern Israels aus den
    Früchten zusammen mit Kakao Schokolade gemacht
Die Natur ernährt alle ihre Kinder und lässt sie teilhaben
    an ihren Wundern, ihrer Pracht und ihrer Macht.

---

[*] ländliches Anwesen

[**] Johannisbrotbaum

Ohne mich

Der Trick scheint zunächst gelungen zu sein
Das Innere der vom Palmrüssler getöteten *Palmera Real*[*]
ist mit Erde ausgefüllt – kein
Mitleid hatte ich mit den Mördern nach dem Überfall

Ein Wiederbelebungsversuch der besonderen Art – ein
    Experiment
Noch fühlen sich die Yuccasprösslinge in der prächtigen
    Gast-Ruine nicht Zuhaus
Die Natur sucht sich Angebote aus
Sie ist es, die uns nicht nur lebenslang beschenkt
die uns zwingt, sie zu respektieren
zu kooperieren
denn sie weiß:
ohne mich könnt ihr nicht existieren.

---

[*] Dattelpalme

Natur-Gedicht

Der über hundertjährige Orangenbaum wurde heute von
    seinen dorren Ästen befreit
Wie ein riesiger Blumenstrauß
sieht er aus
so als wäre ihm die Zeit immer schon gnädig gewesen
Wie ein Zauberwesen
leuchtet er im Abendlicht
Früchte und gleichzeitig Blüten, so ein über Hundertjähriger
ist ein Natur-Gedicht.

Natur-Gedicht II

Es gab viele Gründe mit dem Dichten anzufangen
Tod und Trauer ist einer – wie Hilferufe
Wie Gebete beruhigen sie – gelangen
auf dem Wort-Umweg auf die erste Stufe
zur Bewältigung begleitet von Demut
Trost bei Tod den gibt es nicht
Poesie tut gut
Den Trostsuchenden schenkt sie manchmal ein Natur-
    Gedicht.

Bleiben

Roman aus der Ukraine hat dem über Hundertjährigen
    das Leben gerettet
Alle dorren Äste entfernte er sorgfältig
Die Astwunden wurden fein säuberlich eingefettet
so ein Weltbürger-Gärtner liebt alle Lebewesen – unabhängig
von Sprache und Land
Die Insel gefällt ihm
Seine Kenntnisse werden anerkannt
Alle Katzen freuen sich auf ihn
Manchmal erzählen wir uns Geschichten aus früheren Zeiten
dann nennen wir uns Flüchtlinge, und die wollen wir bleiben.

Gestalten

Der Alltag ist das, was den Tag lebenswert macht
So ein Tag wie heute ist ganz unspektakulär
Nur die Natur und ihre Frühjahrspracht
kommt mit kleinen Wundern daher

Dicke Hummeln, Farbenpracht und Übermut
und um sie herum
Gesumm und Gebrumm
Wie gut das tut

Es in Worten festzuhalten
ist eine Wiederkehr in immer neuen Bildern Worten
und Gestalten.

Tagelang sichtbar

Seit langem wieder einmal erfreuliche Morgengedanken
Lautlose Stille im Tal – glitzerndes Fühlingslicht
Dicker Pinienstaub bedeckt Dächer, Terrassen und Pflanzen
Bevor der Regen ihn in die Zisterne spült ist Kehren Pflicht

Ein Gelbschimmer selbst auf Puschi's schwarzem Fell –
    wie in jedem Jahr
tagelang sichtbar.

Manchmal Allein

Drei Glücksmomente am Abend im Tagebuch festzuhalten
    ist eine gute Idee
Eine Therapeutin hatte den Einfall
Erstaunlicherweise meinte die gute Tagesfee:
Es sind mehr als drei, denk nur noch mal an all die Natur-
    geschenke von jedem Ast
Dicke Orangen fallen von dem über Hundertjährigen neben
    den Kakteen
Zuckersüß ist der Saft
Und fast hätte ich die Rosenknospen übersehen
die gestern noch unsichtbar waren
Spatzen in Scharen
Und war das nicht ein Kuckucksruf in der Ferne
Sicher beobachtet er listig all die fleißigen Nestbauer
denen er als besonders Schlauer
Hausbau und Kinderaufzucht überlässt und zu gerne nur
    zuschaut
wie so ein liebendes Elternpaar unermüdlich sein Nest baut

Wie ein Kuckuck fühle ich mich heute
Lasse die Natur für mich arbeiten
und sammle Momente des Glücks und der Freude
Ja, es sind mehr als drei
Nestbau und Kinderaufzucht ist geschafft – ich bin vogelfrei

Und kann immer wieder in den Süden ziehen
Glücksmomente ziehen mit und vermehren sich, wenn man
    ihnen ein Nest baut im Land wo die Zitronen blühen
Ein Kuckuckskind mit großzuziehen
kann nur bereichernd sein
Ist so ein nestloser Kuckuck auch manchmal allein?

Ohne Ende

Die Natur breitet ihre Schätze aus
Düfte und Früchte rund um das Holzhaus

Auf dem Weg zum Meer wachsen leuchtend Klatsch-
    mohn und Distelblüten an den *camino*-Rändern
Designerin Natur liebt üppige Dekorationen, hat Lust am
    verändern

Meine Freundin ist in einem Farbenrausch
Bis zum Dunkelwerden breitet sie ihre Tageseindrücke
    und Skizzen aus

Bannt Licht und Farbenpracht mit Hilfe von Pigmenten
    auf große Leinwände
Die Natur – eine Ideen-Lieferantin ohne Ende.

Zuversicht

Wenn ein Mairegen die Zisterne füllt
Pinien- und Rosmarin-Duft die *casita* umhüllt

ist lesen und zuschauen ein Geschenk
Der Regen ein Naturgetränk

das nicht nur die wild durcheinander wachsenden Sträucher
und Blumen erfrischt
entsteht wie ein Gedicht auch der neue Tag im Frühmorgen-
Licht
Mairegen bringt neben Segen und Zisternenwasser Zuversicht.

Spielball Erde

Schon am Morgen freue ich mich auf den Meeresanblick
Er lockt, wie das unvergessene Kindheitsglück

Das Meer – Sinnbild von Unendlichkeit
von grenzenloser Freiheit

nach der ich mich früh sehnte
während ich mein Gesicht an den warmen Katzenkopf lehnte

Eine vererbte Verbundenheit mit Natur und Tieren
Ein Daseins-Geschenk – ich hüte es – und werde es dann
    erst verlieren

wenn ich selbst wieder Teil der Lebensenergie werde
auf dem kleinen Spielball im Universum – unserer Erde.

Von den Tieren

In meiner Lieblingsbar

Pan und *aioly** teile ich mit den Spatzen
*Tortilla espanola*** schmeckt nicht den Bar-Katzen

Sie sitzen am Nachbartisch
Da gibt es Fisch

Als Strandbar-Tier leidet man keinen Hunger
Doch nicht immer

ist das Leben eitel Sonnenschein
Man muss listig sein

Es gibt Hunde und andere Bösewichte die jagen
und mit leerem Magen

sind wir im Winter ihre Beute
Doch heute

ist der Tisch reich gedeckt
Wie das schmeckt

Als alte erfahrene Katz
ist mein Platz

Hier – ich kenne mich aus
Und hier bleibe ich und genieße mein Strandleben jahr-
    ein und jahraus.

* Brot und Knoblauch-Mayonaise
** Eierkuchen mit Kartoffeln

Voll und ganz

Manx hat sich in Markus' Herz geschlichen
Sie sprechen miteinander, beide sind sehr redefreudig
Schon von weitem kennt Manx Markus' Schritte inzwischen
Dann kommt jedes Mal der Augenblick

in dem Markus von seinem Liebling Cielo erzählt
der gestorben ist
So eine Katz wie dich hätte ich mir ausgewählt
für Felina, die ihren Bruder vermisst

Doch bei mir würdest du in einer Wohnung leben
Immer wieder würdest du dich nach deiner Insel zurück-
	sehnen
Dafür könnte ich dir in der Großstadt keinen Ersatz geben
Daher darf ich dich nicht mit nach Hamburg nehmen

Manx schmiegt sich an
Markus antwortet dann:
Ich würde Felina gerne im Urlaub bei mir haben,
aber die Strapazen einer Flugreise will ich ihr ersparen

Zustimmend miaut Manx:
Das verstehe ich voll und ganz.

Glück

Wenn ich auf dem Koffer sitze weiß ich genau
Sie verlässt mich wieder einmal – meine Menschenfrau

Teresa kommt täglich
ist liebevoll und freundlich

Aber sie, meine Menschenfreundin wird nicht da sein
    was mir ganz und gar nicht gefällt
Ohne sie fühle ich mich trotz Puschi und Manx allein
Zwei Wochen nur, sagt sie, aber ein Zeitgefühl gibt es
    nicht in meiner Katzenwelt

Auf dem Koffer zu dösen ist das Schönste was ich mir
    vorstellen kann
So sollte es bleiben – ein Leben lang

Sie kommt immer wieder zu mir zurück
Wir beide nennen das Glück.

Nicht allein

In meiner Bücherhöhle raschelt es
Kein Zweifel es kommt aus dem Philosophie-Regal
Mama Gecko bevorzugte schon immer Precht
Daninter ist es echt
kuschelig – Lampenwärme, ziemlich ideal für ein Gecko-
    Kinder-Nest

Richard David Precht und ich, wir sind einverstanden
nicht nur weil dank Geckos die Philosphen frei von
    Spinnereien sind
Auch die Katzen tolerieren die Gecko-Familie hinter den
    Lampen
Rojo billigt schon lange ihr Da-Sein
Leben und leben lassen ist eine seiner Parolen
Besser schmeckt ein Hühnerbein
da muss er sich kein Gecko-Kind hinter „Tiere denken"
    hervorholen
denkt er und ist bei seinen Überlegungen nicht allein.

In der warnen Oktobernacht

Eine bildschöne *Zorzal* * flog gegen die Terrasentür-
Scheibe
In meiner Hand spürte ich ihr kleines Herz klopfen – noch
   eine Weile

,Descanse en Paz' ** auf dem Tierfriedhof bei all den
   geliebten Lebewesen
Warnvögel auf der Scheibe wären schon lange fällig gewesen

Große bunte Schmetterlinge kleben jetzt dort
Und deine klugen Artgenossen wissen: Vorsicht kein Ort
für uns – ach hätte ich doch früher die Warnzeichen
   angebracht
Du würdest noch singen – in der warmen Oktobernacht.

---

* Drossel

** Ruhe in Frieden

Unsichtbar

Nur auf der seitlichen Terrassenscheibe
kleben bunte Vogelbilder
Die Eingangstür steht meistens offen
Manchmal verirrt sich ein Vogel – ist ja nicht ausgeschildert

Dann fliegt er schnell wieder hinaus
nach der Feststellung: offenbar kein Vogelhaus

Eine bildschöne Drossel prallte gegen die Scheibe
Ab morgen kleben viele kleine Warnvögel auf der Front-
    Seite
Damit ihr wisst: Vorsicht Gefahr
Die ist leider – wie eine Glasscheibe für Vögel – unsichtbar.

Jeden Augenblick

Erst seit heute steht der Koffer da
Meinen Katzen wollte ich bis zum Schluss verheimlichen:
Es ist wieder soweit: sie lässt uns allein mit Teresa
Rojo ist bisher nicht von meiner Seite gewichen

Zwei Wochen nur, sage ich und streichle ihn zärtlich
Er schaut mich an und schnurrt nicht
Du weißt doch, zwei Wochen ist wie eine Ewigkeit, sagt
    sein Blick
Ich nicke stumm – daher genießen wir vor der Ewigkeit
    den Augenblick.

Schlafplätze

Die Spatzen übernachten nicht mehr in der Haselnusshecke
Um sechs Uhr in der Früh weckt mich keiner
Vielleicht ließen sie sich von dem Heckenschneider
    erschrecken
So einer

denkt nicht an Spatzen-Schlafzimmer
deren grüne Wände jetzt lichtdurchlässig sind
Falls ihr keinen neuen Schlafplatz gefunden habt seid
    ihr immer
willkommen, bald wachsen neue Blätter und schützen
    vor Regen und Wind

Auch Schlafplätze müssen ordentlich aussehen
Nicht nur die Straße wird am Wochenende gekehrt
Als Dorfmitbewohner müsst ihr das verstehen
Da hilft es wenig, wenn man sich beschwert

Sie bleiben euch erhalten – die alten Haselnusshecken
Ich lasse mich gern von euch um sechs Uhr wecken

Dann erwacht meine Lust zu reimen
sie ist wie euer Frühmorgengeschwätz das hilft, sich
    für den neuen Tag zu erwärmen.

Auf der langen Reise

Wer einmal dem Zug der Kraniche zugeschaut hat
Und nicht von ihrer Strategie, ihrem Wissen und der
    Schönheit tief beeindruckt war
der würde niemals ermessen können
wie beschränkt unser menschliches Können ist

Himmelsbilder wie die Züge der Kraniche in den Süden
gehören zu dem Schönsten auf Erden
Innerhalb von Sekunden verändern sie Form und Gestalt
Alle kennen ihr Ziel und vertrauen sich ihrem wechselnden
    Anführer an auf der langen Reise.

Eine gute Fee

Ohne am Morgen von meinen Katzen geweckt zu werden
ist der Tagesbeginn ohne Lust und Licht
Statt Begrüßungszeremonien eher Beschwerden
Statt Streichel-Spiele Tages-Pflicht

Ab Montag wird Rojo mir wieder Geschichten erzählen
Schon sein Anblick ist wie eine Inspiration
Die Katzen sind es, die sich die Menschen auswählen
So eine Auserwählte zu sein war immer schon
wie ein Glückstreffer, eine gute Fee in Katzengestalt
Meine erste Katze wurde zweiundzwanzig Jahre alt.

Stören

Unterwegs von Daheim nach Zuhause
sind in der Flughafenhalle in Palma fast so viele Spatzen
    wie Daheim
Sie kennen sich aus
Rutschen auf den glatten Fliesen aus
und scheinen mit ihrem Flughafen-Leben zufrieden zu sein

Ob sie noch ihre Einflugschneise kennen?
Hin und wieder Sehnsucht nach blauem Himmel haben
Ob sie ihren Artgenossen den Schlemmerplatz nennen
mit den gedeckten Tischen, den bunten Menschen und
    Farben

Spatzen-Geschwätz erfüllt den Warteraum
Menschenstimmen sind nur über Lautsprecher zu hören
Miteinander schwätzt Mensch kaum
Das könnte ja den Handy-Spielraum stören.

Voll und ganz

Pfotenabdrücke auf der Weihnachtspost
Meinen Lieben wird das gefallen
Sie wissen: ich, Kater Rojo, bin nicht nur ein Trost
sondern vor allem

Medium und Geschichtenerzähler
Meine Gegenwart verbreitet Wohlbehagen und Frieden
Nichts finde ich behaglicher als auf Büchern und Papier
    zu liegen

Mir gefällt meine Rolle als Katzenoberhaupt
Zu Manx und Puschel halte ich Distanz
Annäherungsversuche werden huldvoll erlaubt
Mein Katerherz gehört meiner Menschenfreundin
solange sie meine Eigenarten respektiert – voll und ganz.

Ich weiß, dass ich nichts weiß

Rojo weiß, dass ich es liebe, wenn er mir ins Ohr schnurrt
Warum er das weiß
Das weiß ich nicht
Und so wissen wir beide
unabhängig voneinander:
Ich weiß, daß ich nichts weiß.

Um geliebt zu werden

Im Haus der Katzen nennen wir die lauteste *gritón* [*]
Sie ist die Hausherrin
von weitem schon
tönt ihre freche Stimme: ich bin hier die Hausherrin

Dass du der größte Schreihals bist bezweifelt niemand
heißt es in WG-Kreisen – eher leise
Der lauteste ist nicht unbedingt jemand
der überzeugt, meint der rote Einäugige weise

Mich, den Schreihals, lieben die Menschen
Wer darf denn in ihren Betten schlafen
Als Katz halte ich mich nicht an Grenzen
Wer leises Gemecker plus Milch und Wolle vorzieht,
    beschäftige sich mit Ziegen und Schafen

Ich bin die die ich bin:
keine Befehlsempfängerin.

Das überlasse ich meinen bellenden Gefährten
Ein Jeder findet seine eigene Strategie – um geliebt zu werden.

---

[*] Schreihals

Nichts-Tun

Bei dem großen Blumentopf unter dem Katzennapf an
    der Terrassenmauer
wohne ich, die kleine Spitzmaus

Ein ziemlich praktisches Zuhause
Es bietet Schutz vor Kälte und Regen und einen täglich
    gedeckten Tisch

Schlauer hätte ich mein Winterquartier nicht aussuchen
    können
Wenn Todfeinde an meinem Eingang vorbei rennen

und von den Mahlzeiten großzügig Reste hinterlassen
kann ich mein Glück kaum fassen

aber geruhsam die Tageszeit verpennen bis meine Feinde
    des nachts in ihren weichen Betten ruhn
Dann genieße ich das Nachtleben
zugegeben
manchmal fehlt mir ein wenig Sonnenschein
aber wie viele Menschen denke ich: Bequemlichkeit
    erfordert eben
auch Zugeständnisse – neben dem Nichts-Tun.

Integration

Ganz vorsichtig kuschelt sich Manx ein
in Rojo-Nähe und macht schnell die Augen zu
denn insgeheim
weiß er: das Bett ist tabu

Rojo hat das Sagen
Manx bemüht sich um Anpassung – zweifelsohne
ist an diesen kühlen Tagen
so ein warmes Bett die reinste Wonne

Schließlich habe ich inzwischen auch Rechte, ist seine Illusion
Als Flüchtling zeige ich Bereitschaft zur Integration.

Eine Garantie, die gibt es nicht

Ein Kuckucks-Kenner erzählte mir Geschichten, die
    unglaublich sind wie ein Roman
So eine Kuckucksfrau sucht sich nicht nur gezielt das
    Nest der unfreiwilligen Adoptiveltern aus
Sondern passt das Ei auch farblich an die bereits im
    Nest liegenden Eier an
Nur einige Nestbauerpaare werden skeptisch und bearbeiten
    die Schale des Kuckuckseis bis sie bricht
Den Inhalt verzehren sie dann genüsslich
Eine Garantie für erfolgreiche Tricks, die gibt es nicht.

Längst bewiesen

Ist der Katzenfrühstückstisch nicht rechtzeitig gedeckt
wendet mein schlauer Manx das Prinzip Ursache und
    Wirkung an
Er weiß: aufgeweckt
wird sie auf jeden Fall von dem Lärm, den ich mache,
    denn dann
fließen Milch – nicht Honig – aber Breckies in den bereit-
    stehenden Teller
Also spiele ich mit einer imaginären Maus laut und so lange,
    bis meine Menschenfreundin ihr warmes Bett verlässt
Wenn ich viel Lärm mache, geht es schneller
Dann fange ich an, Frühstück und Taktik zu genießen
Wenn die Menschen meinen, nur sie hätten eine Ahnung
    von Ursache und Wirkung habe ich das Gegenteil längst
    bewiesen.

Findelkind

Das Prinzip Ursache und Wirkung in unserer kleinen
    Erlebniswelt ist Karma
Nichts als: „was du nicht willst und dir nicht gefällt etcetera
gefällt auch keinem anderen"
wie einfach erscheinen dann die Wünsche derjenigen,
    die mit uns im Universum wandern

Solange wir Menschen einfach nur respektieren wie sie sind:
ein vom Schicksal in diese Welt gesandtes Findelkind
das im Zweifelsfall meint, es könnte sich entscheiden
Glücklich zu sein oder zu leiden.

Leuchtkäfer

Soweit das Auge reicht nur Bücher
Ich bin in der größten Bibliothek der Welt in Alexandria
    und ganz sicher:
Wegweiser führen mich in die Lyrikhalle
Und da sind sie: Leuchtkäfer
All die ewig lebenden Seelen der Dichter
scheinen sich eingefunden zu haben
um mir den Weg zu weisen
Und dann komme ich an – im Dichterparadies
Da sitzen sie und schreiben im Licht der Glühwürmchen

Nach dem Aufwachen blinzele ich in den Sternenhimmel
und freue mich, nur Besucherin gewesen zu sein
im Club der armen Dichter.

Willkommen in der *casita**

Eine wunderbare Katz ist Puntita
Meine Freundin Irmela

Schenkte sie mir
sie muss ihre finca verlassen und so ein Katzentier

will kein Stubentiger in Alemania sein
Mit den Meinigen muss sie sich arrangieren – zunächst hat
    sie nur ein Kämmerlein

in der *casita* zum Eingewöhnen
aber dann locken die alten Inseldüfte, die wunderschönen
und die bekannten Katzentüren
man tritt ein, ist willkommen und eine von Vieren

Noch werde ich sie „Spitzchen" nennen, dann beginnt für
    sie eine neue Lebensphase als *puntita*
mit all den anderen großen und kleinen Tieren in der *casita*.

---

* Häuschen

Mordlust

Noch sind die Schwalben nicht zurückgekehrt
Im Allgemeinen ist unsere Ankunft gleichzeitig
Vielleicht haben sie sich eine entferntere Bleibe gesucht
    seitdem Nachbars Schweinestall nicht mehr existiert

Ihren Sturzflug über Nachbars Katzen vermisse ich
Die schöne Weiße ist jetzt interessiert an den Spatzen
Die schnattern in der Hängebirke im Frühlingslicht
Leben und leben lassen ist ein Grundprinzip von Katzen

Es sei denn Katz plagt Hunger oder Rivalen
Aus purer Lust am Töten auf Jagd zu gehen ist ihnen fremd
Nur Menschen denken sich Kriegsspiele aus
Aus Mordlust zu töten, ist etwas, was nur der Mensch kennt.

Lebenselixier

Die *madrastra* * liest mir ihr Abschiedsgedicht vor
Ihre Stimme mag ich inzwischen
Vielleicht komme ich doch aus meinem Versteck hervor
Ich vertraue ihr, sie ließe mich jetzt entwischen

„Wenn du später einmal an die Menschen denkst
Behalte sie gut in Erinnerung, ohne euch könnten sie nicht
    existieren"
Schon längst
haben viele erkannt: Nur mit euch können sie sich den
    Luxus gönnen zu fabulieren und zu philosophieren
Nur die Natur und ihr
seid das Lebenselixier.

---

* Stiefmutter

Freies Hasenleben

Eines weiß ich als Feldhasenkind schon jetzt
Das Leben ist nicht immer fabelhaft
doch vorausgesetzt
du akzeptierst dein Missgeschick in der vorübergehenden
    Gefangenschaft
ist es lebenswert bei Vollpension
Demnächst – was immer das heißen mag –
sagt die *madrastra*, wäre ich schon in der Lage mich allein
    zu versorgen – jeden Tag

Solange es mir gelingt, mich vor den Katzen und dem
    Jäger zu verstecken
Ich habe bewiesen, dass ich mir ein Versteck suchen kann
Im Pinienwald gibt es viele dunkle Höhlen und Hecken
Vielleicht treffe ich wieder auf meine Geschwister oder
    Mama und dann fängt mein freies Hasenleben erst an.

Genießen

Heute flitzte ein kleiner Feldhase auf der unteren Terrasse –
   Gazapo *?
Ob er sich seinen Kindergartenplatz im kleinen Bad ange-
   schaut hat
Die Katzen haben ein dichtes Fell und sind satt
Gazapo ist ganz offensichtlich neugierig und lebensfroh

Lass dich nicht in der Nähe des Jägerhauses sehen
Den hindert auch Weihnachten nicht am Schießen
Der Berg hinter der *casita* ist hunde- und jägerfrei
Bleib dort und lass es dir wohlergehen

Die Zeit des Alleinseins ist vorbei
Meide Menschen und Katzen, nur dann kannst du dein
   Hasenleben genießen.

----

* Feldhase

Mit Farben und Pinsel

Immerhin

Die Bilder meiner Freundin Gerlinde sind für mich die wahre
    Wonne
Die, die mir am besten gefallen, entstanden in diesem
    Sommer auf unserer Insel, in der Sonne

Eine alte Freundin aus Kindertagen sagte ihr heute:
„Du wirst noch einmal berühmt, zwar posthum aber
    immerhin"

Als ihr melodisches Lachen verklungen war, schrieb mein Stift:
„Gestehe dir ein, was du willst und du findest heraus wie
    du es erreichst."

Glücks-Einfall

Stift und Papier
Mehr ist nicht notwendig an dem heutigen Regentag
Und so sitzen wir
Du mit Farben und Pinsel
in unserer ländlichen Idylle auf der Insel
mit all den Tieren
und nichts vermag
das mit uns im Einklangs Sein zu stören

So sind sie, die frühen Herbsttage – sie gehören uns
Und manchmal entsteht daraus Lebens-Kunst
die uns gegenseitig gefällt

Ein Glücks-Einfall in unsere kleine Welt.

Mehr als einen Sommer lang

Wenn eines der auf der Insel entstandenen Bilder meiner
    Freundin
mariposa[*] genannt
eine Käuferin gefunden hat
ist das wie ein Beweis für die immer wiederkehrende
    Erfahrung: Träume werden Wirklichkeit

Der blaue Bildschmetterling hatte sich nicht nur auf die
    Leinwand verirrt
Er machte sie zu seinem Mit-Sommer-Zuhause
Und zog die Blicke der Sommersonnen-Anbeter an
Mehr als einen Sommer lang.

---

[*] Schmetterling

Uns selbst zu vertrauen

Beim Anblick der Bilder meiner Freundin
spüre ich zutiefst
„..wenn wir lernen uns selbst zu vertrauen, müssen wir
durch unsere Kunst nichts mehr beweisen..."*

Und so schaue ich die Bilder lange an
Sie vermitteln mir Selbstvertrauen
Und helfen mir, meiner eigenen Wahrnehmung zu
vertrauen.

---

* Frank Berzbach

Eine talentierte Malerin

Entscheidungshilfe kennt ein jeder
Wenn ... dann ...
Wenn ich dieses Mal nichts gewinne, spiele ich nie wieder
Und was geschah? Sie gewann

Einen neuen Einsatz ohne wenn und dann
Und irgendwann

gewinnt sie ganz viel
Nicht unbedingt im Lotto, aber im Lebensspiel
Denn sie ist nicht nur eine Glücksspielerin
Sondern vor allem eine talentierte Malerin.

Im Einklang mit der Natur

Zwei Einzelgängerinnen lieben die Zweisamkeit
und zelebrieren sie immer wieder
Die Eine malt, die Andere schreibt
nichts ist ihnen lieber

als die Arbeit auf der Insel
mit Stift und Pinsel
im Einklang mit der Natur
Jeder Tag ein Geschenk, ein neuer Anfang
und allabendlich Inselfrieden pur
bei Sonnenuntergang.

Meine Freundin lebt von Bild zu Bild

Wenn ein Bildverkauf die (Lebens-)Nebenkosten übersteigt
wird sie verwegen

kauft, wie heute, ein Gartenhaus und zeigt
wenig Zweifel, hat nichts dagegen
wenn Kritiker sie übermütig nennen
Ohne Übermut keine Mal-Lust
Nichts kann sie von ihrer Überzeugung trennen:
Dass ich malen muss, war mir schon immer bewusst.

Farbenpracht

Die Macht der Bilder scheint stärker zu sein als die der Worte
Von Gerlindes leuchtenden Farbbildern lasse ich mich
   faszinieren
Mein Blick taucht ein in all die schillernden Details und Orte
Ihr Zauber lässt Reime entstehen, die zu den Lichtbildern
   hinführen
Mit ihnen zusammenfließen
Sich zu einer Einheit fügen
Tagesgeschehnisse mit einschließen
auf unserer Insel zu der Bilder und Reime wie Schmetterlinge
   hinfliegen

Glücksmomente
Glückszustände
Sie lassen sich immer wieder herbeiführen
Begleitet von der Farbenpracht der Natur und unseren Tieren.

In der Wirklichkeit

Die Scheunentür geht auf
Rechts und links an den Fachwerkwänden hängen die
    schönsten Bilder meiner Freundin
Ein Abendsonnenstrahl fällt direkt auf *mariposa*
Die blauen Schmetterlinge breiten ihre Flügel aus
Sie schimmern im Dämmerlicht der Scheune
Scheinen aus ihrer bunten Bilderwelt hinaus zu schweben
dem neuen Terrassenfenster entgegen
das über dem Kälberstall entstanden ist
Alle im Sommer auf der Insel gemalten Bilder hängen jetzt
    hier
Das Insel-Zuhause im alten Daheim
Was für ein Wunder

Ich räkele mich wohlig und kann mich nicht entscheiden:
Lebe ich in zwei Welten – im Traum und in der Wirklich
    keit – oder in beiden?

An einem Tag wie heute

Sich auf die Freude meiner Freundin zu freuen
ist reinste Freude
an einem Tag wie heute
den wir auf der von Bougainvillea umwachsenen Terrasse
    vor dem Haus von Chris und Tina verbringen
mit Schwätzen, Essen und Singen
Geburtstagslust pur mitten in der Natur
mit all dem Gezwitscher der Spatzen, Amseln, Rebhühner
    und Co
Nirgendwo
könnte ein schönerer Festplatz sein
Algarrobos, blühende Mandelbäume, Sonnenschein
dazugedichtet des Reimes wegen
In Wirklichkeit fällt zisternenfüllender, köstlicher Regen
Und in der Ferne glitzert das Meer
Gerlindes strahlender Blick verkündet:
An einem Tag wie heute wird mich das Prentic-Mulford
    Zitat begleiten:
„Wo immer man sich im Geiste sieht, dauerhaft und
    beharrlich sieht,
dahin wird man vom Schicksal getragen"
Mit anderen Worten: Das Inselleben wagen.

In diesem Augenblick

An Wintersonnentagen
findet unser Alltag im Freien statt
Gerlinde malt, ich dichte und die Katzen voller Behagen
räkeln sich – zufrieden und satt

Nach einem gemeinsamen Mittags-Schmaus
hat jeder seinen Sonnenplatz gefunden – rund ums Haus

Aus allen Ecken duftet und sprießt es – Mandelblütenzeit
Geschenktage wie diese scheinen himmelweit
entfernt von Sorgen und Leid

Daher versuchen wir
sie festzuhalten – mit Stift und Pinsel – auf Leinwand und
    viel Papier

G. wurde posthumer Erfolg vorausgesagt
doch was kann schöner sein als die Gegenwart
mit Meeres-Blick
in diesem Augenblick.

Schutz und Flucht

Beschützerin

Ein Glückspilz wäre ich
könnte ich mein altes Haus behalten
Ein Wunder wäre erforderlich
eines das schon immer in Gestalten
von unverhoffter Schicksalsgunst geschehen ist
Ich denke dabei nicht an einen Lottogewinn
der den Widerspenstigen belohnt und ihn darin bestärkt:
Bleib die, die du bist
Und dein altes Haus bleibt immer deine Beschützerin.

Eine Weile

Die Würfel sind noch nicht gefallen
Noch ist er nicht unterschrieben – der Vertrag
Innerhalb der nächsten Wochen könnte noch ein Zufall
    zufallen
Und mein altes Haus bliebe meine Fluchtburg bis zu meinem
    letzten Tag

Doch nicht jeder Zufall ist auch ein Glücksbringer
Nur wir selbst machen ihn dazu
An das Glück zu glauben bleibt immer
wie ein Tabu

Im voraus darüber zu sprechen könnte es vertreiben
Doch im Traum versteckt darf es eine Weile bleiben.

Wie Du mir so ich dir

In der alten Heimat zu sein bedeutet immer
mein altes Haus vor Schaden zu bewahren
Es ist wie ein eigensinniges Frauenzimmer
Seine Ein- und Ausfälle waren
niemals vorauszusehen
Dafür riecht es so gut als hätte ich es erst gestern verlassen
Seine Lehmwände lassen
keinen Modergeruch entstehen
Mit seinen unsichtbaren Bewohnern muss ich mich jetzt
    befassen

Die Mottenkugeln haben die Marderfamilie nicht irritiert
In der Nacht höre ich sie rumoren – immer wieder
In der Scheune in einem Versteck hat Mama Marder ein
    weiteres Ei deponiert
Sie könnten auch dort leben aber die gewohnte Bleibe ist
    ihnen lieber

Ein großes Bild meiner Freundin hängt jetzt an dem
    Ausschnitt in der Wand
der für die Reparatur der Leitung notwendig war
Ein Guckloch ins Marder-Land
Mama Marder lässt sich dabei nicht erwischen und meint:
    "Wir kennen uns vom Hören, das reicht und ist
    hoffentlich klar"
„Erinnere dich an meinen Vorschlag", sage ich zu ihr:
Wie du mir so ich dir.

In schweren Zeiten

Immer noch kämpfe ich um mein altes Haus
Wieder einmal habe ich eine Frist verstreichen lassen
Meine Freunde gehen ein und aus
Sie können es nicht fassen
dass ich auf einen sicheren Investor verzichten will
und meinen: Du könntest Sorgen vermeiden

Dann werde ich ganz still
Vielleicht möchte ich mich sorgen mit dem Ziel
mein altes Haus einmal zu verschenken, das mir ein
    Leben lang Schutz gewährte in schweren Zeiten.

Gemütlich

Mein altes Haus hält mich in Atem
Den neuen Mieter mag es nicht
Oder umgekehrt – schon nach kurzer Zeit ein Wasserschaden
Es macht jeden Bewohner zum Bösewicht

Dieses Mal war nicht der Marder schuld daran
Kälte und Frost können die alten Rohre nicht leiden
Ein Bild des Jammers – noch schaue ich mir seine Gebrechen
    nur auf den Fotos an

Das Maulen und Murren der Pflege-Versicherung wird stärker
Sein stattliches Aussehen wird zwar bemerkt, aber in
    Wirklichkeit machen die Alten nur Ärger
Fachwerk, Holzbalken, Lehmdecken
wie anachronistisch
Und in allen Ecken und Verstecken
huschen und hausen Marder und Konsorten ziemlich
    gemütlich.

Daheim

Um mein kleines Holzhaus mitten im Pinienwald
huscht, krabbelt, summt und flattert es wieder
für eine kurze Zeit verlasse ich es bald
in meinem ersten Daheim bin ich nicht lieber

Aber notwendigerweise denn mein altes Haus hatte wieder
     einmal einen Ein-Fall
zwar fiel nur ein Teil der Decke herab
Aber so ein Zwischen-Fall
hält mich auf Trab

Dafür machte mir das Schicksal in Gestalt einer Inselfreundin
     ein Angebot:
Sie übernimmt dich und wird nach meinem Tod
die Alleinerbin sein
Hast du dir das so ausgedacht, meine Alte:
Keine Mieter mehr, sondern für Weltbürger ein DAHEIM.

Risiko

Wenn ein Sonnenstrahl durch die Dachgaube fällt
Die Spatzen laut in der Hängebirke schnattern
Wenn die Morgenstunde tausend Minuten zählt
Und Nachbars Hühner laut hinter dem früheren Mistplatz
    gackern

Bin ich wieder angekommen in meinem alten DAHEIM
Packe den Koffer aus
atme den Duft meines alten Fachwerkhauses ein
und begrüße dankbar
das alte Haus

Ich hatte mich gegen Sicherheit
für Risiko entschieden
So ist das mit der Freiheit:
Zur Zeit ist nur das Risiko – Wassereinbruch – geblieben.

Träumen, Zweifel, Widersprüche

Wie heute

So ist es – das Reimen
Wie Glücksspiele
Schon im voraus hat es nicht nur einen
Glücks-Augenblick – viele Gedanken und Gefühle
machen aus Unmut Übermut
sammeln Worte wie Strandgut
Wunschbilder entstehen
lassen Zeit und Schwermut vergehen
die reinste Freude an einem Regentag wie heute.

Ich bin die ich bin

Eine Kritikerin meinte meine Gedichte wären naiv
Ich lebe was ich bin und wie ich schreibe
Der Alltag ist mein Motiv
Meine Gegenwart mein Zuhause – meine Bleibe

Mitten in der Natur
Ohne die Erfahrung der Vergangenheit
wäre dort nur
Ahnungslosigkeit und Gutgläubigkeit

Meiner Großstadtkritikerin bin ich dankbar
ich bin naiv – das ist wahr
Und es macht nur dann Sinn, wenn es andere Naive zu
    der Einsicht ermutigt:
Ich bin die ich bin.

Neugierig

Wenn einem alten Freund von dir
meine Gedichte gefallen
ist es so, als würdet du mir
über ihn sagen: Von allem
was du nach meinem Tod begonnen hast
ist Schreiben das was am besten zu dir passt
und lass
dich von nichts und niemandem daran hindern
Es sind die Geschichten, die Kummer und Sorgen lindern

Jede Lebensgeschichte hat Glücksmomente
Daher lohnt es sich, sie aufzuschreiben
auch wenn am Ende
viele ungeklärte Fragen übrig bleiben

Nach Antworten suchen heißt:
Neugierig im Leben zu bleiben.

Zu bleiben

Um mit der Suche nach Stift und Pinsel keine Zeit zu verlieren
liegt beides in Reichweite – immer bereit
Mit Träumen ist es wie mit eigenwilligen Tieren
nur bei behutsamer Annäherung lassen sie zu, dass du
    sie festhältst
ihre Eigenarten erzählst
mit ihnen ihr So-Sein erkennst
sie beim Namen nennst
Um einen anderen als deinen beschränkten Lebensraum
    zu erleben
Wunderwelten eröffnen sie dir – du musst dich nur
    hineinbegeben
aufschreiben
hilft eine Weile in diesem Wunderland zu bleiben.

Auf unserer Insel

Wortspiele erfreuen vor allem den Erfinder
Reimen – wie unzeitgemäß meinen Kritiker und schlaue
    Prosa-Kinder

Stimmt – doch der Reim hält fest, was sich prosaisch nicht
    sublimieren lässt
Macht aus Arbeit Spiel – fast Meditation
probiert aus, lässt los – oder umgekehrt – eine lebenslange
    Faszination
Seitdem meine Malerfreundin damit ihren Lebensunterhalt
    verdient
ist das Leben zeitweise ein Traum – mit Stift und Pinsel –
    auf unserer Insel.

Misstrauisch

Ein Jeder kennt das Phänomen
Viele nennen es Zufall
Du denkst intensiv an einen lieben Menschen
Da hörst du seine Stimme plötzlich am Telefon – jedes Mal
ist ein Glücksfall
Ein Vorfall
der auch NICHT-Wundergläubige nachdenklich macht
eine unsichtbare Kraft, die – ganz zufällig – kleine Wunder
    schafft
misstrauischg beäugt von der Wissenschaft.

Lebensbereich

Seitdem mein Leben immer einfacher wird, werden die
Träume ereignisreicher:
Eine Insellebenskünstlerin zeigt mir in einer abenteuerlichen
Wüstenlandschaft
den Eingang zu einem Nachtmulch-Höhlen-Haus
Alle Mulche sehen wie geschorene Maulwürfe aus
Nur einer ist größer, wird hofiert, das ist die Königin, sie hat
ihre Dienerschaft
Und weiter erklärt die Nacktmulchkennerin:
Nur die Königin hat Sex, ihre Liebhaber scheiden nach der
Begattung langsam dahin
Und plötzlich kam mir im Traum der Verdacht, ob sie sich
vielleicht identifiziert mit der Königin
im Nacktmulchreich
Träume sind Geschichten aus dem wunderlichen Tier-
und Menschen-Lebensbereich.

Kunsthandwerk

Mehr will ich nicht sein
nur die, die ich bin
eine Reimemacherin

Kein Anlass ist zu klein
stets sehe ich darin einen Sinn
als Reimemacherin

Ob leiser Windzug oder Sturm – die Hauptsache mittendrin
um auf die kleinen Freuden zu achten
die den Alltag lebenswert machen
statt Klagen Lachen
das ist mein Handwerk als Reimemacherin

Wenn Melancholie und Trauer zu bewältigen sind
suche ich Trost in der Kunst großer Dichter
Sie sind meine Helfer – keine Richter
schuld an der Erfahrung: reimen ist hilfreicher als weinen

Für Menschen die meinen
zu gut für diese Welt zu sein
hilft es im allgemeinen nicht zu reimen
Sie könnten sich ganz prosaisch fragen:
Sollte ich vielleicht mehr Selbst-Einsicht und weniger
    Routine wagen?

So nicht

Meine alte *finca* beschert mir viele Gäste
Sie ermöglichen mir meinen Inselaufenthalt und die damit
    verbundenen Geschichten
Die früheren Feste
sind jetzt Teil von Gedichten
Staunend höre ich mir die Lebensberichte an
Jeder ist ein unendlicher Entwicklungs-Roman
Mancher wird zu einem Gedicht
Danke liebes Schicksal – erfinden könnte ich es so nicht.

Wunderland

In Thailand, so sagt man
wäre ein neuer Platz für Glückssucher zu finden
die alten Hippies und Nachfahren der Blumenkinder ziehen
        Lockrufe magisch an
Träume vom Glück in der Sonne und Lebenserfahrung
        ließen sich wie zu Hippiezeiten ideal verbinden

Nun ja, man lebt in einer Diktatur
Blumenkinder ließen sich von Franco auch nicht abschrecken
Als Glückssucher spielt man nicht auf der Politik-Klaviatur
es gilt, neue Lebenswege zu entdecken

Da ist Diktatur wie Demokratie
sie geht vorbei – was bleibt ist Lebenslust und Poesie
meint man in Thailand
Die Alt-Hippies auf Ibiza hören und staunen: ein neues
        Wunderland?

Babba

Kapriziöse Prinzessinnen auf der Erbse faszinieren mich
Auf der Insel fühlen sie sich daheim
Von den Blumenkindern übernahmen sie für sich
deren Lust, frei von Konventionen zu sein

Weil sie auch frei von pekuniären Sorgen sind
ist ihre Weltsicht ziemlich eingeschränkt
auch ein Kind
weiß noch nicht, dass „der Himmel nicht voller Geigen hängt"
ein Lieblingsspruch von Mama
zum Glück hatte ich noch meinen Babba.

Im warmen Sand

Schreiben um zu begreifen
Begreifen um zu schreiben
Wenn die Blicke über das Meer schweifen
will ich nur dasitzen, hierbleiben

Jemand schrieb an die Felswand:
„Live the life you love
love the life you live"
Immer wieder lese ich es – im warmen Sand.

Nur noch Schäfchen

Wenn ich versuche einzuschlafen
und mir schwirrt der Kopf von allen unlösbaren Problemen
male ich mir aus, was mich in diesem Moment
zum glücklichsten Menschen auf Erden machen würde
Und ganz allmählich werden die Schatten-Bilder
von den Wunschbildern verdrängt
und entspannt zähle ich nur noch Schäfchen.

Die Zeit vertreiben

Wenn ein Gedichtentwurf-Einfall ausbleibt suche ich nach
    einer Ausrede
Ausreden fallen mir immer ein
Sie sind hilfreicher als Meditation oder Gebete
lassen sich zu wahren Lebenshilfen verdichten
im stillen *casita*-Kämmerlein
werden sie dann zu glaubhaften Geschichten

Eine Ausrede ist schreiben
vor allem dann, wenn ich behaupte, sie würde mir nur die
    Zeit vertreiben.

Uns selbst zu erkennen

Manchmal lehrt uns die Kunst
uns selbst und andere besser zu verstehen
eine Schicksalsgunst
die uns hilft, leidvolle Zeiten zu überstehen
und einzusehen:
Die Schuld für unsere Probleme bei anderen zu suchen
    bringt uns keinen Schritt weiter
Schuldzuweiser sind selten heiter
Erst wenn wir uns selbst verzeihen, über uns lachen können
sind wir auf dem Weg, uns selbst zu erkennen.

In neuem Licht zu sehen

Wenn mir wieder einmal der Zufall zu Hilfe gekommen ist
bedanke ich mich bei der *poder superior* *
die vielen Bücher meiner Freundin Irmela sind ein Lese-Fest
Es kommt vor

dass ich mich nächtelang mit ihren alten Lieblingsphilosophien
    befasse
Ein immer wieder neuer Anfang
und ich lasse
mich verführen
von den Zufällen
und ihren
Anforderungen Bisheriges infrage zu stellen
Alles hängt mit allem zusammen im Kreislauf von Werden
    und Vergehen
Und so zwingt mich die Lebenskrise meiner Freundin an-
    stehende Entscheidungen in neuem Licht zu sehen.

---

* Höhere Macht

Ohne einsam zu sein

Das Ergebnis langer Anstrengung ist es, keine Erwartungen
    zu haben
Jeder Anruf, jeder Besuch ist eine unerwartete Freude
Und gerade heute
steht ein dicker Blumenstrauß vor der Tür der *casita*
Ich weiß nicht von wem
Rojo und Manx beschnüffeln ihn
Was soviel heißt wie: ein Tierliebhaber war da
Tierduft haftet an ihm
Leuchtende Farben im Abend-Sonnenschein
Ein Tag geht zu Ende – ohne einsam zu sein.

Genüsse

Nach einem Gedichtentwurf am Morgen schaue ich dem
    Tag gelassen entgegen
Selbstbefriedigung nannte ich das einem Freund gegenüber –
    der lachte etwas verlegen
Las aber mit Neugierde einige Befriedigungsergebnisse
Wenn sie Bände füllen wird es bedenklich
Ohne Bedenken keine Genüsse
Also befriedige ich mich.

Gedanken an Morgen

Angst einflößende Traumgeschichten beschäftigen mich
    noch lange nach dem Aufwachen
Indem ich sie aufschreibe verbanne ich sie in die Welt
    der Fabelgeschichten
Manchmal sind sie kurios und ich kann darüber lachen
Dann will ich nicht darauf verzichten
sie in Lebenshilfen zu verwandeln, die mir beistehen in
    Zeiten von Kummer und Sorgen
mich auffordern, in mir die Lebenskünstlerin zu sehen und
    Ferien zu machen vom ICH und den Gedanken an
    Morgen.

Glücklich-Sein

Das durch einen Traum ausgelöste Glücksgefühl hält an
Die leuchtend-farbigen Bilder verflüchtigen sich
werden zu einem Glockenklang
in einem orangefarbenen Licht

Synästhesie gehört auch im Traum zu einer Wahrnehmung
Sie stellt sich nur bei intensiven Sinneseindrücken ein
Fast immer mit Wohlbefinden – wie eine Doppel-Darbietung
Oft wie ein Farbenrausch – ein himmelblaues Glücklich-Sein.

Wehmut

Heute sagte mir Peter Michael Hamel, dass ihm meine
     Gedichte gefallen
Mir gefällt seine Musik
Ein gegenseitiges Wohlgefallen
das auch dann immer bestehen blieb
wenn auf all den großen Festen
bei Irmela Musik und Poesie Begleiterscheinungen waren
Doch nach all den Jahren
gehören diese Hintergründe zu dem Besten
was uns an den Festen
begleitet
und heute an Barry's letztem Geburtstag in der alten *finca*
Wehmut und das Empfinden tiefster Verbundenheit verbreitet.

Verdichten

Gegenwartsgedanken aufzuschreiben ist etwas fürs
    Tagebuch
Vergangenheit macht sie erst literarisch interessant
Da verlieren sie ihren Wirklichkeitsgeruch
werden zu Geschichten im Niemandsland

Die – wie in Träumen – Eindrücke verwehen lassen,
    wie Spuren im Sand
Die Gegenwart ist nur Bestandteil all unserer Geschichten,
    sobald sie zur Vergangenheit geworden ist, lässt sie
    sich als Erinnerung verdichten.

Reimsüchtig

Als ich während eines wunderbaren Erinnerungsschwatzes
    mit einer Freundin meine frühere Schwindsucht erwähnte
Nannte sie mich liebevoll wunderlich
nur weil ich meinte
heutzutage ist es doch IN süchtig zu sein, schließlich
möchte ich dazugehören
Als Unsüchtige nicht den Zeitgeist stören
Oder als besonders tugendsam im Gedächtnis bleiben
Mit nur einem Laster, dem hemmungslosen Schreiben
Mach dir darum keine Sorgen tröstet sie mich fürsorglich
Deine Enkel werden einst erkennen: Oma war reimsüchtig.

Lohnen

Die nächtlichen Dämonen haben für Philosophie ein
    offenes Ohr
Als sie gegen drei Uhr – wie meistens – auf der Bildfläche
    erschienen
griff ich zu „Zeit der Zauberer"* und las ihnen vor
lange, bis mir die Augen zufielen
und ihnen bei Tageslicht ihre Macht abhanden kam
Philosophische Zauberer haben Macht über Dämonen
Besonders Wittgenstein macht sie ganz zahm
woraus sich wieder einmal schließen lässt, dass sich
    Auflehnungen lohnen.

_____

* Wolfram Eilenberger

Anpassung

Heute ist wieder einmal ein Kunst-Tag – keiner hatte mich
    je dazu gezwungen
Ich fühlte mich als Meisterin
Autodidaktin
Seit der Kindheit übte ich – notgedrungen

Ohne diese Kunst wäre ich nicht die die ich bin
Niemand erklärte mir ihre Notwendigkeit
Sie wurde zur Überlebensstrategie mit der Zeit
Und ich zu dieser talentierten Künstlerin

Erst spät lernte ich, sie zu verachten
Sie begann mir nach dem Leben zu trachten
Seitdem ich in einem Holzhaus im Pinienwald lebe weiß ich:
sie bringt mich nicht um
die Kunst der Anpassung.

Wunsch-Gedicht

Zu lesen wonach mir der Sinn steht
ist ein Luxus, den ich mir gönne
Und so steht neben „Vom Winde verweht"
„Eine Geschichte des Lesens" auch wenn ich mich nach
    Ordnung sehne

ist sie ebensowenig einzuhalten
wie Lese-Mäßigung zu allen Tages- und Nachtzeiten
Nur auf dem Lyrikregalen finde ich meine alten
und immer wieder neuen Lebenshelfer, die mich ein Leben
    lang begleiten

Alphabetisch geordnet sind auch sie nicht
und doch finde ich mit sicherem Griff – mein jeweiliges
    Wunsch-Gedicht.

Fleißarbeiten

Gleichzeitig sind sie verdächtig
Manchmal lästig
Zu sehr erinnern sie mich an meine stets fleißige Mama
die in mir ein faules Kind sah
das sich gegen Feldarbeit sträubte
sich an nichtsnutzigem Lernen erfreute
und noch heute
vor jeder Fleißarbeit flieht
weil es davor den Wandspruch aus der Küche sieht:
„Ohne Fleiss kein Preis"

Wer in Spanien fleißig ist
ist estudioso, kein braver Perfektionist
Auch damit lassen sich Preise gewinnen, wie A. Manguel
„Eine Geschichte des Lesens" beweist
was für den Leser gleichzeitig lese-freudig und lese-fleißig
    heißt.

Ode an die Freundschaft

Wenn ich wieder einmal stolz auf meine Freundin Irenen bin
stellt sich die Frage: habe ich sie verdient?
Dabei denke ich vor allem an eine Lebensfreundin
ein Sonntagskind

Das in lebensbedrohlichen Zeiten meine Zimmernachbarin
    war
Was immer geschah
Ein Leben lang wenn wir uns trafen haben wir laut mit-
    einander gedacht
über uns selbst und unsere zum Teil kuriosen Lebens-
    bewältigungsversuche gelacht

Sie ist eine wunderbare Malerin
ich bin ihre Bewunderin
So wird es bleiben
nur der Tod kann uns scheiden.

Freuen lernen

Ein Tag des Augenblicks ist heute
Manche Tage sind Glückstage
Schon die Augen aufzuschlagen macht Freude
Heute existiert es nicht, das Wort Klage

Ein Traum hat diesen Tagesbeginn ausgelöst
Ein Wunschtraum, ob er in Erfüllung geht steht in den Sternen
In Träumen lässt sich freuen lernen.

So gut wie gelogen

Wir alle lieben Geschichten
Wir erfinden und erzählen sie
Die negativsten verbreiten Medien als Nachrichten
Ein Nachrichtensender der Positives berichtet ist reine
    Phantasmagorie

Um Menschen, die stets von ihren Krankheiten und kritischen
    Weltansichten berichten mache ich einen Bogen
Nur von unerfreulichen Geschichten zu erzählen ist so
    gut wie gelogen.

Lebensspiel

in einem Land zu leben wo die Zitronen blühen
Sich nicht nur zu fühlen wie eine Besucherin

Bedeutet immer wieder Glücklich-Sein
Nicht nur Sonnenschein

Sondern ein Leben in der Natur
und nur

wenn all die kleinen und roßen Lebewesen täglich teilnehmen
an dem Unternehmen

Lebensspiel
führt es zu dem Ziel

im Einklang zu sein
mit der Natur und sich allein

Das gelingt nicht immer
Aber zusammen mit einem anderen eigensinnigen
    Frauenzimmer

immer wieder
und mit anderen Inselfreunden – ebenso widerspenstig
    und wenig bieder.

Man glaubt es kaum

Fassungslos stelle ich fest:
Ich habe einen Bestseller geschrieben
Mit meinen Freunden feiere ich ein Freudenfest
Und nehme Glückwünsche entgegen für den Band Sieben

Von den ersten sechs wollten nur wenige etwas wissen
Zu altmodisch, wie kann man denn heutzutage reimen
Reime sind für mich wie ein Ruhekissen
Gefallen müssen sie nur mir – sonst keinem

Bis das Wunder geschah:
Ein Dichterfreund liebt die Reime und schickte sie einer
    Verlegerin
Die meinte: Warum immer nur Prosa?
und druckte sie mit der Bemerkung: Gepriesen sei der
    Eigensinn

Und so – man glaubt es kaum
Schrieb ich einen Reim-Bestseller – im Traum.

Ganz für sich allein

Nicht immer fällt es leicht, leichtgläubig zu sein
Hinderlich ist der Glaube
wenn er nicht gerade Berge versetzt, verkündet er
    Höllenqual
Zettelt Kriege an und sehnt sich gleichzeitig nach der
    Friedenstaube

Eine Glaubensform ist unverzichtbar
Auch Nicht-Gläubige nehmen sie wahr

Ganz für sich allein
Gestehen sie sich ein
wundergläubig zu sein.

Keine Kriege

Unverhofft oder verliebt
Beides ist ein wenig verrückt
Der Glückspilz ist beglückt
weil es neue Lebensweisen gibt

So ein Zufall
wieder einmal

Und das musst du hinausposaunen in die Welt voller Leid
und Gram
Ja, Glückspilze zetteln keinen Streit und schon gar keine
Kriege an.

Lob inspiriert

„Dein Babba wäre stolz auf dich"
meinte mein liebster alter Freund heute
Er war immer stolz auf mich
Und: er traute mir viel zu
Sein Tod hat meinen ersten Gedichtband entstehen lassen –
    Trauer- und Lebensfreude
Gestern, heute und morgen
Die Dreifaltigkeit inspiriert
Solange gegenwärtige Engel ihre Flügel ausbreiten
ist Hoffnung die, die zuletzt stirbt.

Statt Liturgie Literatur

Nebelschwaden umhüllen die Pinien im Tal
in der casita sitzen wir – wie in einem Wattebausch
Eine lautlose Stille und wieder einmal
ist sie wie ein Rausch

Ein Geschenk, das die Natur ihren Bewunderern macht
das Stille in Laute und Bilder verwandelt
wie eine Katze, die schnurrt, ein Kind das lacht
und immer handelt

es von den kleinen Wundern der Natur
Sie ist der Gott der kleinen Dinge, dem ich diene
– statt Liturgie-Literatur.

Eigenart

Alltägliche besondere Momente zu verdichten
gehört zu dem Vergnügen
das ich mir selbst bereite
Flucht in die Sprache
die zum Träumen einlädt
Neue Inselpfade beschreiten
die alten mit einbeziehen
Sie verbinden mit der Gegenwart
Kleine Schicksalsfügungen als Wegbereiter
Zufall und Eigenart.

Schicksalsfügungen

Der sogenannte freie Wille hat sich zu fügen
Nur die ganz Klugen meinen sich selbst und andere zu
    belügen
sei philosophisch
dabei ist es nur überheblich

Wir sind ein winziger Punkt
in einem unendlichen Universum
Der freie Wille ist eine Illusion
ein Therapeutikum

Ein anderes heißt Religion
Beides hilft in schweren Zeiten
Die Höhere Macht wird alle Lebewesen begleiten
Sie ist kein lieber Gott
Nur ein Wegbereiter in Zeiten der Not.

Heute

Wort- und Gedanken-Spiele am Morgen
So liebe ich es, den Tag zu beginnen
Manche Sorgen
werden mit den Nacht-Plage-Geistern in ihre Höhlen
    verbannt
Sie gewinnen
nicht die Oberhand
denn die Morgen-Energie erzeugt Lebensfreude
So ein Glücks-Morgen ist heute.

Im Gegenwarts-Haus

Auf meinen Rundgängen im ersten Zuhause
duftet sie – die Natur
Nach einer langen Sommerpause
überall Wohlgeruch – pur

Besonders in der Nähe der alten Schutzhütte breitet sich
    Heimatduft aus
Er ist nicht nur mit den Sinnen wahrzunehmen
ist Teil der Vergangenheit im Gegenwarts-Haus.

Immer schon

Ein Jeder kennt das Phänomen
Man spricht mit dem alten Freund am Telefon
Lange Zeit hat man ihn nicht gesehen
Und jedes Wort und jeder Ton

ist so wie er immer schon war
Als hätte man sich erst gestern getrennt
Als wäre all das gemeinsam Erlebte plötzlich wieder da
Das Vertrauen, auch die Widersprüche, die jeder kennt

Ein nie verloren gegangenes Zuhause-Gefühl
Ein gegenseitiges Verstehen und ganz viel
Ruhe, fast wie in einer Meditation

So war es auch in den experimentellen Zeiten immer schon.

Unberechenbar

Auf der Suche nach dem Glück begegnet mir die Dankbarkeit
Sie beschenkte mich mit Geschichten, Bildern, Träumen
und wurde meine Begleiterin in der langen Zeit
auf den vielen Umwegen in Labyrinthen und Träumen

Sie machte mich mit ihrer Vertrauten, der Gelassenheit
    bekannt
Wenn Trauer und Schuldgefühle einen Überfall planen
nimmt sie mich bei der Hand
lässt mich hoffen und ahnen:

Immer wieder gibt es sie, die Glücksmomente
wenn du andere daran teilnehmen lässt, fallen sie dir zu –
    diese Geschenke
ohne Vorankündigung sind sie plötzlich da
So sind sie, die Lebensgeister und -Helfer – unberechenbar.

Kunst und Gunst

So wie jedes Ereignis auf alle nachfolgenden einwirkt
ist jede Vorgeschichte Teil der gegenwärtigen
Hinter einer Entscheidung verbirgt
sich all die Erfahrung, die dazu beiträgt, unser Leben zu
    bewältigen

Manchmal meinen es die Schicksalsmächte gut mit uns
Dann gefällt uns der Augenblicks Zustand:
dankbar zu sein für Kunst und Gunst.

Erinnerungsselig

In der Erinnerung verstecke ich mich
In ihren vertrauten Winkeln und Nischen bin ich daheim
Ein Zuhause, das ich überall hin mitnehmen kann – ich
richte mich ein

Von meinen Katzen umschnurrt und begleitet
sie kennen meinen Hang zu Winkelzügen
Wenn sich wieder einmal die Phantasie mit der Wirklichkeit
streitet
schaue ich erinnerungsselig in meine kleine Welt
bis die Realität ihre Forderungen stellt.

Sünden

Bücher sind zuverlässige Freunde, vor allem in der Nacht
führen sie in einen Wald von Worten und Bildern
von all denen bewacht
die mit ihren Farben, Formen und Geschichten ihre Suche
    schildern

Ob verzweifelt, mutig, traurig oder beglückt
Sesshaft und mit sich selbst im Reinen
Oder auf eine lebenslange Suche geschickt
auf der allnächtlich Traumbilder erscheinen

Im Wort- und Bilderwald Freunde zu finden
und die Tugend den Engeln zu überlassen
bedeutet Freiheit, Trost, ein Recht auf Sünden
und von all den Bedrohungen dieser Welt vor allem die
    Gewalt zu hassen.

Beim Dichten

Ein Gedicht kommt mir manchmal vor wie ein Tier
Es lebt
Seine Gegenwart
erspart
oder ersetzt Menschen-Nähe
nach einer langen Ehe
kann Allein-Sein
wie Sonnenschein sein

Doch wer möchte schon auf Wolken verzichten
Sie sind Voraussetzung beim Dichten.

Zu genießen

Etwas liegt in der Luft
wie ein Zukunfts-Duft

Er nimmt der Gegenwart ihren Alltagsgeruch
ist mehr als ein Versuch

dem Vergangenheitsdunst zu entfliehen
sich den dunklen Schatten zu entziehen

Nach langen Trauerjahren – wie mit einem Kunstwerk –
    abzuschließen
Ein Werk wird niemals fertig, die Kunst besteht darin zu
    wissen

an welchem Punkt man es unvollendet lassen soll und
    diesen Punkt – wie einen Duft – zu genießen.

Bestreben

Kein schöner Land in dieser Zeit …
geht mir durch den Sinn
während ich von Berisch-Käppsche aus bis in die Eifel schaue
Windräder weit und breit
Ich bin
in meinem ersten Zuhause und traue
mir wieder einmal zu, in zwei verschiedenen Welten zu
    leben
Übermut tut gut bei dem Bestreben, nicht aufzugeben.

Sich zu begnügen

Wenn der Zufall wieder einmal
wie ein Einfall zufällig auftaucht
bleibt keine andere Wahl
als ihn willkommen zu heißen – er haucht
jeder Gewohnheit einen Funken Widerspruchsgeist ein
Stellt Vernünftiges infrage
Sieht wenig Unterschied zwischen Sein und Schein
legt kein einziges Wort auf die Goldwaage

Es Mut zu nennen wäre übertrieben
Eher ist es ein Vorgefühl von Sich-Verlieben
Zu- und Einfälle fordern immer dazu auf, sich ihnen zwar
    nicht zu fügen
aber herauszufinden, ob es sich lohnt, sich mit dem
    angeblich Unvermeidbaren zu begnügen.

166

Das wunderschöne Wort

In meinen Traum verirrte sich ein schönes Wort
Die Traum-Geister spielten mit ihm
ließen es nicht ohne eine Geschichte wieder fort
Und so schien
es sich einfangen zu lassen
zwischen Poesie und Wirklichkeit fühlte es sich daheim
Warum sollte es sich nicht einmal anpassen
das wunderschöne Wort: Wolkenkuckucksheim.

Wolkenkuckucksverein

Täglich gehe ich in ein Zentrum
in dem Energie gespeichert wird
die man durch einen einstündigen Rundgang erzeugt
Sie kann auch in Euros ausgezahlt werden
Nach zehn Jahren entspräche das dem Preis eines Autos

Ich treffe eine Frau, die ich nur vom Sehen kenne
Sie erzählt mir, das erste Auto hätte sie schon „erlaufen"
Sie möchte einen Verein gründen
Die Mitglieder wären dann unabhängig
von der teuren Stromversorgung

Und wie nennen wir ihn, fragte ich
„Wolkenkuckucks-Verein" sagte sie

Beim Aufwachen war ich gut gelaunt.

Deuten

Träume können Wegweiser sein
Die immer wiederkehrenden sind Zeichen
ein Widerschein
unserer Furcht, unserer Wünsche – sie gleichen
Monstern oder Lichtgestalten
wollen ernst genommen werden:
Wir sind ein Teil von dir und halten
dir die Treue solange du lebst auf Erden
Nur du selbst hast die Gabe und die Macht, uns zu deuten
Lass dich nicht von denen irreführen, die meinen, deuten
    könnten nur die Therapeuten.

So ein Nachahmer

Ein Gedicht ist wie ein Zuspruch am Morgen
Ohne Gedicht überwiegen die Sorgen

Gedankenspiele gehören zum Tagesanfang
Sind wie Tatendrang oder Müßiggang

Von gegensätzlichen Beweggründen ermutigt
Auf der Flucht vor der anstehenden Entscheidung ein-
    schließlich Konflikt

Immer wieder ein Wagnis, das in der Sprache nach Hilfe
    sucht
Und sie manchmal findet – während der Flucht

In der Religion heißt das Gebet
So ein Nachahmer ist jeder Poet.

Auch Glück will beschrieben werden

Ein Unglück kommt selten allein sagt das Sprichwort
Auch ein Glücksfall fällt immer wieder exakt auf den Ort
An dem wir uns befinden – ohne sprichwörtlich geworden
    zu sein
Glücksvermeider fühlen sich nicht an gemeinsamen Glücks-
    orten daheim
und beschreiben lieber das Unglück dieser Welt – auch
    Glück will beschrieben sein.

Keine Kunst

Tu was du liebst
weil du dann alles gibst

was Lieben und Tun zustande bringen
es wird gelingen

Erfolg ist immer gepaart mit Schicksalsgunst
ohne Lieben und Tun keine Kunst.

Eines Tages

Der Stift als Rettungsanker
Ohne ihn treibe ich im Erinnerungs-Meer
Miteinander
laufen wir nicht den Glücksverheißungen hinterher

Wir halten sie fest – die täglichen kleinen Wunder
Wolkenbilder, die Natur, das Meer
Und geht am Abend die Sonne unter
versinken wir nicht mehr

in Trauerwellen und Trübsinn
Ich schreibe um mich zu retten und eines Tages werde
    ich schreiben weil ich gerettet worden bin.

Pflichten

Ohne Morgenreim
ist der Tag wie ein Heim

ohne all die Mühen und Freuden, die ihm Sinn verleihen
ihn von zu hohen Erwartungen befreien

ihn zu dem machen was er ist
ein Edelstein in der Lebenskette – ein Komponist

der Traum und Wirklichkeit zusammenhält
sich einstellt

auf all die Zufälle und Herausforderungen
die er mit sich bringt, die notgedrungen

aber auch freudvoll Bestandteil werden von Geschichten
Was könnte schöner sein als den Tag zu beginnen mit
    Reimen und Dichten
Erst dann kommen die Pflichten.

Zu genießen

Wo wäre noch ein Bücherregal anzubringen
Im zweiten Bad neben dem Wohnwagen gibt es freie Wände
Ein idealer Platz, denn die Morgentoilette kann nur gelingen
in Verbindung mit Zeit-Verschwenden

Das kleine Bad war ein beliebter Feldhasen- und Katzenort
    bisher
In Zukunft ist es nicht nur der bekannte Stille Ort, sondern
    eher eine *libreria* *
und meine Gäste verbringen einen Teil ihrer Ferien da

Vielleicht sollte ich den Werbetext mit dem Hinweis schließen:
Alte Finca plus Weltliteratur am Stillen Ort zu genießen.

---

* Buchhandlung

Umwege

Ob es sich lohnt zurückzublicken um das Jetzt zu verstehen
ist keineswegs bewiesen
Um neue Wege zu gehen
sind wir darauf angewiesen

den Zugang zu den alten eigenhändig zu verschließen
um die vielen Umwege zu vermeiden
Die neuen Umwege nennen wir bescheiden
Selbsterkenntnis
Hilfreich ist sie nur dann, wenn sie uns befreit von Vorwurf
und Bitternis.

Zusammenhang

Wenn ich spüre wie sich der Blick aus der Gegenwart entfernt
in die Vergangenheit flüchtet
sich an Illusionen wärmt
Glücksmomente wiederbelebt und verdichtet

Fehlt es dem Hier und Jetzt wieder einmal an Zuversicht
Zu viele Sorgen, zu viel Infrage-Stellen
zu wenig Verzicht
auf die Meinung der Anderen, die meist unwichtig ist
im Zusammenhang mit einem Gedicht.

Auf der Lauer

Wie die Ruhe vor dem Sturm erlebe ich den *casita*-Frieden
Mit all den Büchern – griffbereit
könnte ich dem Tag hoffnungsfroh und zufrieden
entgegenblicken, willig und bereit
die Herausforderungen zu meistern – widerstandsfreudig
mitten in der Natur mit all den Tieren – unabhängig

Doch wie das so ist mit Selbsteinschätzung und Vertrauen
Sie sind nicht von Dauer
Die Wenn-und-Aber-Geister liegen auf der Lauer
und raunen: dem Frieden ist nicht zu trauen.

Die Verdächtigen

Tagebuch in Reimen
täglich ähnlich und doch immer wieder ein Neuanfang
Alltag pur – in einem
stets wechselnden Licht und Tatendrang

Eine andere Daseinsform zu wählen
ist Teil unserer Selbstbestimmung
Freiheit ist nicht jedermann zu empfehlen
Sie erfordert mehr Verantwortung
als bedingungsloser Glaube

Religion war immer schon
eine Flucht unter die Haube
eines Allmächtigen
Für ihn sind Freiheitsliebende die Verdächtigen.

Besiegen

Zweifeln ist konstruktiver
als zufrieden zu sein
Zweifel sind hartnäckiger, sitzen tiefer
als jedes Vertrauen in die Beständigkeit von Glücklich-Sein

Zwingen zum Ausprobieren
stellen Erprobtes infrage
wollen auch diejenigen verführen
die in einer gesicherten Lebenslage

meinen, im Glauben ihr Glück gefunden zu haben
Zweifler sind immer auf der Suche nach Wahrheit und
    Gerechtigkeit
Sie wanken, schwanken und stellen infrage
und beneiden doch nur die Gläubigen um ihren
Schöpfer in seiner Allmächtigkeit

Der Glaube, nicht der Zweifel, führt immer wieder zu
    Kriegen
Ein Leben lang zweifeln ist friedvoller als Anders-Gläubige
    zu besiegen.

Außenseiter

Lebenskünstler verlassen die Insel
Die Reichen nehmen sie jetzt in Besitz
Die Zeiten seinen Lebensunterhalt zu verdienen mit Stift
    und Pinsel
sind vorbei, da hilft weder Lebenskunst noch Mutterwitz

Malerfreundin Teresa verlässt die Insel nach siebenund-
    dreißig Jahren
Ein Haus auf dem Festland zu mieten kostet weniger als ein
    Abendessen zu zweit
Aus einer Künstlerinsel ist eine Luxus-Bleibe geworden –
    sparen
hilft nicht – weit und breit

ist kein bezahlbares Wohnen zu finden
Doch auch für die Reichen wird es früher oder später heißen:
Bis hierher und nicht weiter
Wir werden euch dazu bringen wieder abzureisen
Euer Geld war uns willkommen, doch schon die Phönizier
    und Karthager waren nur Außenseiter.

Davonwehen

Ob das allen Schreibenden so geht?
Zunächst sitze ich vor dem leeren Blatt Papier
wie ein hypnotisiertes Kaninchen im Scheinwerferlicht
geblendet, weglaufen geht gar nicht

Aber dann ist Flucht wie ein Magnet
angezogen von nächtlichen Schatten
rettet sich der vom Licht Verführte in die Dunkelheit
in der kein Scheinwerferlicht blendet aber Gefahren warten

Dann ist es soweit:
Die lassen sich durch Schreiben vertreiben
von Wünschen und Phantasien besiegen
Auf dem weißen Blatt Papier bleiben
ihre Angst einflößenden Dämonen zurück wie lästige Fliegen
    aus denen Horrorgeschichten entstehen
oder in Schmetterlinge verwandelt als Gedicht davonwehen.

In der Gegenwart

Papier und Stift in Reichweite
kann nicht schaden in der Nacht
Sie warten beide
auf Geschichten – im Traum ausgedacht

Manchmal ziehen sie mich gleichzeitig an und lassen mich
    im Stich
doch fast immer
sind sie ähnlich einem eigenwilligen Frauenzimmer:
Sobald es festgehalten wird, entzieht es sich

Das erhöht ihren Reiz
Mit Logik und Vernunft lassen beide sich nicht einfangen
Überlässt du dich ihrer Eigenart
ziehen sie dich in ihren Bann und erlangen
so Beachtung in der Gegenwart.

Mit neuen Träumen

Nachtschatten wandeln sich in Lichtgestalten
Hoffnungsschimmer fliegen ihnen entgegen wie Schwalben

Nach der anstrengenden Reise finden sie ihr altes Nest
Jedes Wieder-Ankommen ist wie ein großes Fest

in alten Lebensräumen
mit neuen Träumen.

Zu jeder Zeit bereit

Zwischen mir und den Reimen
besteht eine Liebesbeziehung
in all der Alltagspoesie gibt es einen
Bezug – eine Herausforderung

Glücksmomente einzufangen
das Einfache zu spüren
immer wieder neu anzufangen
und auszuprobieren

ob der Reim hilft im Tagebuch festzuhalten
was reimwürdig ist
keine Wiederholung kann davon abhalten
Wie in jeder liebevollen Beziehung heißt es:

Bleib wie du bist
zu jeder Zeit bereit
an der Beständigkeit
zu zweifeln wie in der Zeit zu zweit
die mit all ihrer Problematik Teil der Gegenwart bleibt.

Vertrauen

Ohne Tagebuch
ist der Tag kein Versuch

Seine Freuden und Leiden
festzuhalten – Lamentationen zu vermeiden

Die Wunder der Natur in neuem Licht zu sehen
mit einem Fünklein Dankbarkeit aufzustehen

in ein Dutzend erwartungsvoller Katzenaugen zu schauen
und zu wissen: die haben Vertrauen

in dich und den Tag
was immer er bringen mag.

Wie Sonnenlicht

Sobald Worte wie „Entwurf" auf dem weißen Blatt Papier
    stehen
ist das Blatt nicht mehr leer
Worte wollen mehr
als Entwurf sein – wie bei einem Windstoß wehen
von weither
Erinnerungen und Träume
Sie haben Wurzeln, wie Bäume
räkeln ihre Wort-Zweige dem Licht entgegen
wollen festgehalten werden
verbunden mit der Erde
seit Millionen
von Lebenssituationen
in immer wieder neuen Variationen
ist Leben gleich wagen
Schreiben und malen heißt immer nach dem Sinn fragen
Antworten bieten Bilder und Gedichte nicht
Nur Spiegelungen – wie Sonnenlicht.

Die *Gompa**

Wenn der Zufall wieder einmal ein Schicksalsangebot macht
stehe ich vor der Wahl: ich akzeptiere oder lehne ab
Meistens überschlafe ich es länger als eine Nacht
Doch die Zeit wird knapp
Die *Gompa* wird am richtigen Platz am richtigen Ort stehen
Rückzug vom Rückzug mit Blick über vertraute Höhen
    auf denen immer noch Wunder geschehen.

---

* tibetanischer Meditationsraum

Sich selbst belügen

Wenn zwischen dem Glauben an Vorherbestimmung und
    Zufall eine Lücke klafft
man es nicht schafft

dazwischen seinen Weg zu finden
und nur noch wenig Zeit bleibt in den Glaubens-Labyrinthen

kommt das Glück wieder ins Spiel
zu behaupten, es hätte mich ständig begleitet auf dem
    Weg zum Ziel

wäre sicher übertrieben
Doch nur zu leiden heißt sich selbst zu belügen.

Einverständnis mit der Gegenwart

Das Neue Jahr zeigt sich von seiner besten Seite
Die Fortuna-Tarotkarte hält ihr Versprechen
Vorhersagen machen vor allem dann Freude
Wenn Sie Angst- und Kummer-Zustände auslöschen

In der Wintersonne am Strand zu sitzen mit Blick
auf das Zusammentreffen am Horizont von Himmel und
    Meer
das ist Glück
der Strand ist menschenleer

Ich sehne mich nicht nach der Vergangenheit zurück
Und habe keine guten Vorsätze für die Zukunft
klingt nach Unvernunft
und ist doch nur
Einverständnis mit der Gegenwart, der Insel, der Natur.

Mitzugestalten

Papier und Stift liegen immer griffbereit
wenn die Nachtgeister ihre Geschichten erzählen
muss ich nur auswählen
Manchmal bleibt wenig Zeit

die Traumfiguren einzufangen
Sie verwandeln sich ständig in Schatten-Gestalten
gelangen
nur dann wieder ins Licht
wenn man ihnen verspricht
sie nicht festzuhalten
ihnen die Freiheit lässt sich zu entfalten
und die Wirklichkeit mitzugestalten.

Verwegen

Manchmal ist ein Wort wie eine Verführerin
will Reim-Spiele auslösen
wie Melodien gehen sie nicht aus dem Sinn
ich muß nur zuhören, Klänge wie Buchstaben lesen

Zeitverschwendung ist meine Begleiterin
Eine Heuchlerin
die dir vorgaukelt: so bleibt es eine Weile
eine Weile ohne Eile

Dabei eilt sie immer schneller ihrem Ende entgegen
Endspurt setzt Energie frei und macht verwegen.

Darüber lachen

wenn Eigensinn eine Tugend ist, wie H. Hesse meint
gehört Mutwille ebenfalls in diesen untadeligen
Bereich
so wie es scheint
sind Eigensinnige und Mutwillige zugleich Überlebens-
    künstler
Für Angstwillige eher Schreckgespenster
Sie ziehen es vor, aus der Not eine Tugend zu machen
Nur wer es ausprobiert hat kann darüber lachen.

Wie in Träumen

Im Tal versammeln sich Nebelgestalten
Sie erhalten

Vogelgesichter durch die aufgeklebten Warnvogel-Köpfe
    auf der Terrassentür

Verwandeln das Tal in eine Märchenlandschaft
die immer neue Gestalten erschafft

wie Wolkenbilder verändern sie sich
werden durchsichtig

Lassen wie in Träumen bizarre Fabelwesen entstehen
Ein jeder kann sie sehen

der Phantasie-Bilder liebt, sie malt oder beschreibt
und ihnen in unserer sogenannten Wirklichkeit ihre
    Macht verleiht.

Ein neues Poesie-Album

Manchmal erhält es im voraus einen Titel
„Mit sich und der Welt in Reimen" nenne ich es
Es ist – wie so oft – das bewährte Gegenmittel
zu Freudlosigkeit und Tristesse

Immer griffbereit
Manchmal verschwindet es unter einer schnurrenden Katz
Bücher – Papier sind begehrte Ruhekissen und mit der Zeit
wurde die *casita* der ideale Poesie-Album-Platz

Kurios nennen Freunde meine Lebensart und „Vor-Lieben"
Die Titelseite schmückt ein großartiges Bild meiner Freundin
    aus dem Zyklus Lebenstanz
„Tanz der Poesie" statt „Vor-Lieben'" wäre übertrieben
Titel sind eher Firlefanz
beim Reimen
Helfen aber abzulenken – vom Weinen.

Alphabetisches Verzeichnis der Titel

A

B

D

E

I

J

K

L

Z

Zur Autorin

Marianne Hartwig wurde im Hunsrück geboren und verbrachte dort ihre Kindheit und frühe Jugend.

Sie betätigte sich u.a. als Designerin, Antiquitätenhändlerin in London und Hamburg. Als Kunsthandwerkerin entwarf sie bildhafte, textile Arbeiten und präsentierte sie zehn Jahre lang auf der Internationalen Frankfurter Messe. Parallel war sie Mitbegründerin einer Hamburger Literaturgruppe und nahm an Lesungen teil, auch innerhalb des Hamburger „Literatrubel" in den 1980er Jahren.

Verheiratet, bis ihr Mann 2009 unerwartet starb, hat sie einen erwachsenen Sohn und lebt mit ihren Katzen vorwiegend auf Ibiza. Sie pendelt jedoch zwischen neuer und alter Heimat, dem Hunsrück, den sie ebenso liebt.

Seit mehr als 35 Jahren schreibt sie vor allem Gedichte und Erzählungen.

Bisher von ihr erschienen:

Wie Sand am Meer: Freud und Leid Gedichte (BoD, Norderstedt, 2009), 192 S., broschiert, ISBN: 978-3-8391-1160-4

Sucht und Sehnsucht: Mit dir und ohne dich (BoD, Norderstedt, 2010), 308 S., brochiert, ISBN: 978-3-8423-3140-2

Balanceakt: Nach der Zeit zu zweit (BoD, Norderstedt, 2011), 199 S., broschiert, ISBN: 978-3-8423-8300-5

Ein Hauch von Zuversicht (BoD, Norderstedt, 2012), 236 S., brochiert, ISBN: 978-3-8482-2571-2

Daheim: Eine ungereimte Kindheit (BoD, Norderstedt, 2014), 288 S., brochiert, ISBN: 978-3-7357-5630-5

Weniger, aber Meer: Von der unerreichbaren Gelassenheit auf Ibiza (BoD, Norderstedt, 2015), 240 S., brochiert, ISBN: 978-3-7347-7152-1

Mutwillig: Von Leicht-, Froh- und Unsinn (BoD, Norderstedt, 2016), 212 S. brochiert, ISBN 978-3-7412-6198-5

Vor-Lieben: Poesie des Alltags (BoD, Norderstedt, 2017), 272 S., brochiert, ISBN: 978-3-7460-4404-0